edition exil

bernsteyn und rose – o bernsteyn taj e roza

samuel mago

kurzgeschichten

edition exil

für meine großeltern, meine eltern,
für meine jeji und meinen bruder,
für meine familie.
für sabrina.

in erinnerung an tante rózsika vom klauzál platz,
an meine urgroßmutter anna vom gózsdu udvar,
und an onkel béla aus der wollzeile.

herzlichen dank an christa, mozes, rabie, vesna.

samuel mago: bernsteyn und rose – o bernsteyn taj e roza
kurzgeschichten, edition exil, wien 2020
zweisprachig: deutsch/romanes
isbn: 978-3-901899-86-7

lektorat: christa stippinger
romanes-lektorat: mozes heinschink
layout und grafische gestaltung: sebastian menschhorn
korrektorat: eva auterieth

ein projekt des vereins exil im amerlinghaus
in kooperation mit dem verein kulturzentrum spittelberg

Bundesministerium
Kunst, Kultur,
öffentlicher Dienst und Sport

Bundesministerium
Bildung, Wissenschaft
und Forschung

inhalt

bernsteyn und rose

aus dem roten mietshaus mit der nummer neun waren sonst zu dieser späten stunde meist gesang, gelächter oder manchmal auch mordlustige schreie zu hören. an diesem nebeligen apriltag schien es allerdings merkwürdig still auf dem klauzálplatz in budapest. vor allem in der fleischhauerei gegenüber. die rouleaus waren heruntergelassen. herr viczmann, der seinen familiennamen nach dem krieg auf vas hatte ändern lassen, verkaufte dort schon seit längerem statt koscherem fleisch das beste und günstigste schweinskarree der gegend. damit sparte er sich das mühsame schächten und die vielen schwierigkeiten mit der religionsfeindlichen kommunistischen regierung. obendrein hatte sich seine kundschaft in wenigen jahren verdreifacht. doch heute blieb die tür unter dem schild *zárva* geschlossen.

das rote haus an der ecke des platzes ging in die klauzálgasse über. in den letzten jahrzehnten hatte es kriege und aufstände mitansehen müssen. doch seit der sechsundfünfziger revolution, die sich nun schon zum vierten mal jährte, hatte es nicht mehr so viele opfer zu beklagen gehabt. die stimmen und schreie aus dem inneren des gebäudes hallten oft über den ganzen platz. viele pester mieden die gegend, auch wenn die streitigkeiten meist harmlos waren und sich in wenigen stunden von selbst lösten. und doch kam fast monatlich ein rettungswagen vorbei und holte jemanden ab. die menschen, deren leblose körper aus dem haus getragen wurden, waren aber keinem mord zum opfer gefallen. mal war es die nummer fünf, mal die nummer zwölf, mal das rote haus, vor dem der wagen hielt. der selbstmord, sagte man, sei in mode gekommen in budapest. herr vas, der mit seiner familie im ersten stock des roten hauses wohnte, hatte sich gerüchten zufolge in der morgendämmerung in einem rettungswagen weinend neben seine jüngste tochter rebekka gesetzt. sie war erst siebzehn jahre alt. angeblich war sie nachts bewusstlos in ihrem bett gefunden worden. die nachbarn waren wieder einmal von entsetzen gebeutelt. die alten frauen mit kopftuch und schürze standen schon den ganzen tag auf der pawlatsche im ersten stock, rätselten und tuschelten über den hergang der tragödie und blickten immer wieder neugierig und vorwurfsvoll auf die wohnungstür der familie vas. und der sonst so belebte hof des hauses blieb heute menschenleer.

bei familie lakatos im erdgeschoß brannte in der küche auch nach mitternacht noch licht. wie die meisten wohnungen im haus bestand auch diese nur aus einer küche, einer speisekammer und einem großen zimmer. familie lakatos war groß, und wegen des platzmangels hatte die mutter in die halbwegs geräumige speisekammer eine alte kratzige chaiselongue gezwängt und den raum kurzerhand in ein schlafzimmer verwandelt. wenn sie es nicht gerade an einen bettgeher vermietete, schlief ihr jüngster sohn tibor darin. der kam gerade aus dem légrádi nach hause, einem budapester café, in dem er als kellner arbeitete. auch heute hatte er seine kleine schwester rózsika dorthin mitgenommen, um sie vor handgreiflichen verehrern zu schützen. rózsika war eine schönheit. selbst in den abgetragenen kleidern ihrer schwestern, die ihr zu groß waren, lief sie anmutig über das tanzparkett. manchmal stolperte sie in den hohen stöckelschuhen. meist dann, wenn sie einen der wohlhabenden herren beeindrucken wollte, der sie anlächelte. aber den schutz ihres bruders hätte sie gar nicht gebraucht, denn sie war wählerisch wie kaum jemand. auf ihrem kaffeefarbenen gesicht voller sommersprossen lag stets ein verschmitztes lächeln. sie war ein wenig kokett, aber niemals würde sie einen der männer erhören, die ihr nachstellten.

nachdem die eltern sich zerstritten und der vater die familie verlassen hatte, war tibor gefordert, für die familie zu sorgen. meist aber verlor er sein geld nach mitternacht beim kartenspiel an die zigeunermusiker.

tibor zog die wohnungstür hinter sich zu. wie immer hatte die mutter auf die beiden gewartet. heute nacht empfing sie ihre kinder mit den gerüchten über rebekka. tibor und rózsika setzten sich, hörten zu und konnten es kaum fassen. rózsika war nicht viel jünger als das mädchen, dem ein stockwerk über ihnen ein selbstmordversuch missglückt war. sie kannte rebekka gut, war oft bei ihr, sie waren freundinnen, aber niemals hätte sie gedacht, dass rebekka imstande wäre, sich das leben zu nehmen. *was konnte denn so furchtbar sein,* fragte sie sich, *dass man seinem leben ein ende setzen möchte?*

schon nach wenigen tagen liefen die dinge wieder wie gewohnt. rebekka war wieder zu hause, mit einer narbe an der kehle und einem ausgepumpten magen. vor scham traue sie sich nicht mehr in den hof, flüsterten die alten frauen im hof. die fleischhauerei war wieder in betrieb, wenn auch statt dem vater ein schmächtiger cousin der familie vas hinter dem verkaufspult stand. frau lakatos hatte sich bei ihrem täglichen einkauf bereits nach rebekkas befinden erkundigt und ihre hilfe angeboten. die zwei familien waren immer gute nachbarn gewesen. herr vas legte für frau lakatos stets das schönste stück rindsschulter für ihre berühmte gulaschsuppe mit hausgemachten *csipetke* nudeln zur seite. frau lakatos wiederum schickte, sobald sie erfuhr, dass die vas gäste erwarteten, ihren neffen imre mit der geige in den ersten stock. wenn imre dann anfing oben im wohnzimmer jiddische lieder zu spielen, blühte herr vas auf und prahlte damit, sich sogar einen prímás leisten zu können. dass imre nur aushilfsprímás im légrádi war und wohl einer der schlechtesten der stadt, tat nichts zur sache.

doch jetzt getraute sich frau lakatos nicht einmal an die tür der vas zu klopfen. *was würde ich nur an ihrer stelle tun?*, fragte sie sich, und noch bevor sie zu ende gedacht hatte, spuckte sie drei mal auf den boden und bekreuzigte sich. ihre kinder waren alles, was sie hatte. ihr ältester sohn attila war bereits mit frau und kind über die brücke nach óbuda gezogen. er hatte ein los für eine genossenschaftswohnung bekommen. ihre älteste tochter aranka wohnte schräg gegenüber, einen stock über der mutter, mit ihrem mann und ihren zwei töchtern. die zweitälteste war einige jahre zuvor während der sechsundfünfziger revolution nach wien geflohen. ihre briefe las marika so gebannt, wie andere das manifest von marx. tibor würde bestimmt in den nächsten jahren heiraten und ausziehen.

und dann würde ihr nur mehr rózsika, ihre jüngste bleiben. und die fremden bettgeher, die in ihrer wohnung ein- und ausgingen.

als sie mit den einkäufen in der hand und den gedanken an ihre tochter im kopf die wohnung betrat, kam ihr rózsika entgegen. sie war in eile. beinahe wären die beiden zusammengestoßen. frau lakatos rutschte das rindfleisch aus der hand, sie konnte es gerade noch auffangen. um ein haar wäre es auf rózsikas weißer bluse gelandet. mit einem großen schritt wich sie nach hinten aus, während rózsika ihre mutter küsste und sich verabschiedete: *bis später mama. jetzt werde ich den ganzen tag an deine suppe denken.* marika lächelte stolz und sah zu, wie rózsika den korridor hinunter zur arbeit eilte.

familie lakatos war nie reich gewesen. aber seit der vater weg war, musste die mutter jeden fillér zusammenkratzen, um über die runden zu kommen. ihr halbes leben hatte sie mit ihrem mann gelebt und nie arbeiten gehen müssen. jetzt musste sie. um ein paar fillér kaufte sie alte anzüge, blusen und kleider beim pfandleiher, wusch und bügelte sie, flickte die löcher, nähte neue knöpfe an und entfernte die fussel vorsichtig mit einem rasiermesser. die restaurierten kleidungsstücke konnte sie dann viel teurer auf dem sonntagsmarkt verkaufen.

für die ganze familie reichte das geld hinten und vorne nicht. so hatte rózsika die schule abgebrochen und in der salamifabrik in der sípos utca zu arbeiten begonnen. unter den arbeitern war rózsika beliebt. für die frauen, die fast ausschließlich aus arbeiterfamilien stammten, war die tochter eines verschwundenen zigeunergeigers allerdings immer etwas befremdlich. jeden morgen durchquerte sie zu fuß die halbe stadt, um in der fabrik für ihren niedrigen lohn zu arbeiten. selbst in der fabrik hatten viele männer im dampf und geruch von schweinsdärmen und paprikapulver ein auge auf sie geworfen. einer ihrer vorgesetzten ließ seit wochen nicht locker. er fragte sie fast täglich, ob er sie nach der arbeit auf einen tee oder kaffee einladen dürfte. *ottó, sie wissen doch, dass ich romni bin*, sagte sie einmal zu ihm. *aber das stört mich doch nicht, schönste*, meinte er darauf. *aber mich. mich wird eines tages ein zigeunerprímás heiraten, mein lieber herr ottó. und auf meiner hochzeit können wir dann gerne tee trinken.* bisher hatte es noch kein verehrer geschafft, rózsika zu imponieren. nicht ottó und auch nicht die anderen dutzend männer, die bereits um ihre hand angehalten hatten. warum es immer alte fabrikarbeiter sein mussten, deren hände nach verdünntem bier und schweinszungen rochen, verstand sie nicht. aber sie genügten ihr, sich die rauchpausen im hof der fabrik mit spielchen und neckereien zu vertreiben.

auf dem nachhauseweg gab sie beim portier ihre uniform ab, machte ihre haare auf und steckte das haarnetz in ihr kleines schwarzes ridikül, sprühte ein, zwei spritzer parfüm auf ihren hals, um den salamigeruch zu übertünchen und ging durch das mächtige fabrikstor auf die straße hinaus. vor dem blumengeschäft in der dob utca winkte sie höflich einer rauchenden alten dame zu: *küss die hand frau irén!*, bog in die klauzálgasse ein und verschwand im roten haus. der geruch von schmalzgerösteten zwiebeln und säuerlich duftender rindssuppe grüßte sie schon am eingangstor. ihr fröhliches pfeifen flog durch das stiegenhaus. die eingangstür ihrer mutter stand offen und war vom suppendampf beschlagen. sie hängte ihren mantel auf. als sie sich umdrehte, blieb ihr kurz der atem weg. ein fremder mann stand in der küche und rauchte. er starrte sie an. *wer sind sie?*, fragte sie ihn. seine haare waren nach hinten gekämmt, lockig. sein gesicht dunkel und kantig. sein kinn glatt rasiert, auf der markanten nase runde brillengläser. schwarzdunkle augen, buschige augenbrauen, die hemdsärmel hochgekrempelt, eine schlaksige gestalt. er nahm genüsslich einen letzten zug, genoss ihre verwunderung und drückte die zigarette im aschenbecher aus. *ich könnte sie dasselbe fragen*, antwortete er und sah ihr dabei in die augen. *was fällt ihnen ein. ich wohne hier. und wer sind sie, wenn ich fragen darf?* ihre stimme wurde lauter. *ruhig, ruhig, nachtigall*, sagte er. *nachtigall?*, fragte sie verärgert. *das lied. die nachtigall. das haben sie doch gerade gepfiffen, nicht? keine sorge. ich bin nur der neue untermieter. ich werde nicht lange bleiben*, beschwichtigte er. marika betrat die küche und begrüßte ihre tochter beiläufig: *ich sehe du hast unseren neuen untermieter schon kennengelernt.* rózsika nickte irritiert. die mutter nahm etwas aus dem ofen und stellte es mit lautem scheppern auf die herdplatte. der junge mann wischte sich die hand an der hose ab und näherte sich mit zwei großen schritten: *ivan bernsteyn.* er nahm ihre hand und schüttelte sie. das mädchen schwieg. *und ihr geschätzter name?*, lächelte er. *róza.*

die mutter trat zwischen die beiden: *in der familie sagen wir rózsika zu ihr.* sie verdrehte die augen und blickte jetzt zur mutter. *ungehobelter kerl*, dachte sie.

als sich die abendsonne langsam auf die mauer des innenhofes legte, klopfte ein schmächtiger junge an die küchentür. es war derselbe, der frau lakatos heute morgen in der fleischhauerei begrüßt hatte. er hielt ein backblech in der hand und rief mit aufgesetztem lächeln durch die glastüre: *küss die hand, frau marika! ich komme wegen dem tscholent.* er hob das blech hoch. rózsika deckte gerade den tisch, ihre mutter öffnete die tür. *ach ja, grüß dich, mein junge. komm nur herein. ich bringe euch das blech morgen mittag hinauf.* sie überlegte einen augenblick. *es ist sicher nicht leicht für euch dieser tage...*, sagte sie dann, und ihr blick war sehr ernst. *na gut, mein junge, ich will dich nicht vom schabbes abhalten. lauf nur hinauf. lass die familie schön grüßen, ja? – mach ich. küss die hand, frau marika. servus rózsika!* die tür fiel zu, er lief hinauf und jeder seiner schritte knarrte auf der pawlatsche im oberen stockwerk. *ist das tscholent?*, fragte ivan, als er in die küche kam und das backblech sah. *ja. familie vas auf nummer sieben feiert schabbes,* sagte marika. *sie schicken jeden freitag rebek...*, sie stockte. *sie schicken jeden freitag jemanden zu uns herunter und wir kochen ihnen das tscholent auf, fürs mittagessen morgen. wissen sie, juden dürfen ja am schabbes nicht... aber sind sie nicht...?* sie runzelte die stirn. er nickte lächelnd, während er sich eine zigarette anzündete. *habe ich mir gedacht. wegen ihrem namen und... na ja... normalerweise würde ich herrn vas ja fragen, ob sie vielleicht den feiertag mit ihnen begehen können. aber unter diesen umständen, wissen sie...* ivan unterbrach sie: *ach wissen sie, frau marika, ich habe seit dem tod meiner eltern nicht mehr schabbes gefeiert. ich halte mich nicht an so etwas.* marika stellte das blech mit mühe auf den tisch neben die suppe. *na, da bin ich ja erleichtert. es gibt heute nämlich haxengulasch.* er lächelte und knöpfte seinen ärmel ein stück höher. erst jetzt bemerkte rózsika die zahlen auf seinem arm. im selben augenblick kam tibor durch die tür. wenig später aranka, ihr mann und ihre töchter aus der wohnung schräg über ihnen. sie setzten sich und griffen zu.

nach dem abendessen war die familie in den ersten stock gegangen. arankas mann hatte vor einiger zeit einen fernseher ergattert. sogar der nachbarsjunge aus dem zweiten stock hatte darum gebeten, mitschauen zu dürfen. tibor und sein schwager plagten sich damit, die antennen einzustellen. alle warteten auf die abendsendung in schwarz-weiß. aus der wohnung nebenan hörte man familie vas dumpf durch die wände das schabbesgebet im chor sprechen: *baruch ata adonoj, elohejnu melech haolam, ascher kideschanu bemizwotaw, weziwanu lehadlik ner schel schabbat kodesch.* aranka nickte: *seht ihr: sogar die nachbarn beten für unseren empfang.* marika warf einen strengen blick auf sie, während die runde lachte.

rózsika trat aus der wohnung auf die pawlatsche. ihre mutter wusste, dass sie rauchte. trotzdem hätte sie es nie gewagt, sich vor ihr eine zigarette anzuzünden. von rechts näherte sich plötzlich eine hand und gab ihr feuer. *eine nachtigall im rauch. so etwas schönes habe ich lang nicht mehr gesehen*, sagte ivan. *hören sie auf damit*, die junge frau nahm einen zug und antwortete forsch: *was machen sie hier draußen? warum sitzen sie nicht vor dem apparat?* ivan lächelte. er sah sie an und antwortete erst nach einigen sekunden: *das leben geht zu schnell vorbei, als dass man stundenlang schweigend in schachteln schaut.*

sind sie nicht fotograf?, sagte rózsika. er lachte. *doch, doch. sie haben schon recht. aber fotografie ist für mich etwas ganz anderes. ich halte einen moment fest. etwas, das mir gefällt. das mir am herzen liegt. fotografie ist kunst. fernsehen nur propaganda,* sagte er.

warum reden sie immer so geschwollen?, sagte sie. er lachte wieder. *außerdem bin ich jetzt alleine mit ihnen. ist das nicht grund genug, nachtigall?*

sie sollen damit aufhören. rózsikas blick sank auf seinen unterarm und dann schnell wieder geradeaus. sie hatte von diesen nummern gehört. sie hatte leute gekannt, die verwandte in den lagern verloren hatten. gesehen hatte sie so etwas noch nie. sie traute sich nicht zu fragen.

birkenau, sagte ivan. sein blick war starr nach vorne gerichtet. sein mund lächelte, nicht seine augen. *ich war ein kind. vierzehn.* sie verschränkte ihre arme, die zigarette in der linken, und sah ihn an: *tut mir leid.* sie bereute es jetzt ein bisschen, so forsch zu ihm gewesen zu sein. *ich stand damals als vierzehnjähriger mit eltern und geschwistern im lager appell, als jude. heute stehe ich als erwachsener ohne familie da und bin kein jude mehr.* er nahm einen großen zug. *menschen ändern sich. und manchmal werden sie verändert.*

rózsika schwieg. sie wusste nicht, was sie sagen sollte.

mögen sie eiscreme?, fragte ivan. *ja*, stammelte sie. *dann zeige ich ihnen morgen ein feines lokal, wenn sie erlauben.* rózsika war wie vor den kopf gestoßen. sie sagte an diesem abend nichts mehr.

am nächsten tag dachte rózsika während der arbeit viel nach. sie war nicht die klügste, aber sie hatte zum ersten mal begriffen, wie viel glück ihre familie gehabt hatte. ihr vater hatte sie zwar verlassen, aber er war noch am leben, irgendwo in budapest. viele tausende roma waren während des krieges in zügen verschleppt worden und nicht mehr wiedergekommen. sie stand am fließband und verlor sich in ihrer arbeit. der gestank von schmalz und innereien störte sie nicht.

als sie nachmittags von der fabrik heimging, erkannte sie bernsteyn schon von weitem. er trug ein sakko, lehnte an der mauer des roten mietshauses und rauchte gelassen. er hatte auf sie gewartet. *gehen wir?*, fragte er.

jetzt gleich?

jetzt gleich. sie machen bald zu. kommen sie, nachtigall! diesmal entgegnete rózsika nichts. sie gingen rasch und bogen in die königsgasse ein, dann zwei gassen weiter in die kazinczy utca. an der ecke war ein altes café, in das sie eintraten. es roch nach gebeiztem holz und nach einem gewürz, das sie noch nie gerochen hatte. sie setzten sich in eine der ecken. *zwei zitronensorbets bitte,* er drehte sich zu ihr, *das ist das beste hier. sie vertrauen mir doch?* rozsika nickte. *sie kennen dieses café?* rózsika nahm sich eine zigarette aus seinem etui und ließ sie von ihm anzünden.

wenn ich in budapest bin, komme ich immer hierher. ich habe hier einmal gewohnt, für kurze zeit. er zeigte zum fenster: *dort stand unser bett, daneben das von familie haraszty und das von famillie weisz. die ghettomauer war am ende dieser gasse, kurz vor der königsgasse.* die erinnerungen schienen ihn gar nicht aufzuwühlen. als würde er bloß von seiner unbeschwerten kindheit erzählen. rózsika fragte nicht weiter. das zitronensorbet war gekommen.

sie waren die letzten gäste. der kellner hatte ihre kaffeetassen abserviert und kam mit der rechnung. *wollen wir noch ein stück spazieren?*, fragte bernsteyn. die sonne schien nicht mehr so hell. sie gingen bis ans donauufer. von der station der zweier straßenbahn aus hatte man einen schönen blick auf den fluss, die burg und die freiheitsstatue auf dem gellértberg. *was macht eine frau wie sie eigentlich in einer salamifabrik?*, fragte er, mit dem rücken zur donau und mit beiden händen auf das geländer gestützt. *arbeit ist arbeit. es ist mir egal, ob die salami kunst ist oder propaganda. ich bekomme mein geld und darf einmal in der woche eine stange mit nach hause nehmen. eine beschädigte. eine, die man nicht mehr verkaufen kann.* bernsteyn lächelte. *ich verstehe. hatten sie nie einen traum?* er bot ihr eine zigarette an. sie griff zu. *doch natürlich. vielleicht gehe ich einmal nach wien, vielleicht werde ich einmal einen zigeunerprímás heiraten. aus einer guten familie. und dann gehe ich mit ihm zu meiner schwester. irgendwann einmal.*

verstehe. nu, geigespielen könnte ich ja noch lernen. aber ob ich ein zigeuner werden kann…, sagte er mit einem kecken lächeln. *sie müssten mir beibringen, wie das geht, nachtigall.* diesmal musste auch sie lachen.

erlauben sie mir, sie zu fotografieren?, fragte er und zog seine schwarzgraue kamera aus der sakkotasche. der sowjetische markenname zorki stand groß über der linse. er ließ die zigarette zu boden fallen und trat sie aus. *mich?*, fragte sie. *ja. solange die sonne noch hell genug ist und die zigarette noch brennt*, meinte er. sie fuhr sich schnell durchs haar, blickte auf ihre weiße bluse und ihren geblümten rock hinunter und richtete die falten. *lächeln sie für mich, nachtigall.* róza lächelte.

als die beiden am späteren abend im hof des roten hauses ankamen, brannte in der erdgeschoßwohnung kein licht. niemand war zu hause. rózsika ging in den ersten stock und klopfte an arankas tür. sie öffnete im schlafrock, mit ihrer tochter am arm. *servus. weißt du, wo mama ist? – sie ist drüben in óbuda bei attila. sie muss auf die kleine aufpassen. sie kommt erst morgen wieder, nachmittags nach dem sonntagsmarkt.* rózsika nickte. *und tibi? – der hat heute nachtschicht im metro hotel*, sagte aranka. rózsika kam näher. *und was mach ich jetzt mit dem untermieter? – da wird dir schon was einfallen, kleine. koch ihm doch einen kaffee, damit ihr länger wach bleibt*, sagte aranka, grinste und zog die augenbrauen hoch, gab ihrer kleinen schwester einen kuss auf die wange und schloss die tür.

ivan hatte unten gewartet. rózsika erklärte ihm, dass sie heute nacht wohl alleine wären. ob er noch einen kaffee wolle? *gerne*, sagte bernsteyn und ließ sich auf das sofa fallen. warum róza ihn auf einmal so anziehend fand, konnte sie sich später nicht erklären. was sich in dieser nacht in der speisekammer abspielte, sollte nie jemand erfahren.

am nächsten morgen erwachte róza in ihrem eigenen bett, ihr bruder hatte sie geweckt. am sonntag war die salamifabrik geschlossen, marika war auf den markt und bernsteyn war wohl schon früh außer haus gegangen.

wohin, hatte er nicht gesagt. am abend kochte rózsika mit ihrer mutter. als ivan nach hause kam, taten die beiden so, als wäre nichts geschehen. sie redeten zwar miteinander, aber gerade so viel, wie sie mussten.

über ihre gefühle sprach róza mit niemandem. ihre mutter hätte es sicher nicht gestört, wenn sie einen juden geheiratet hätte. bei einem gadscho hätte sie anfangs vielleicht bedenken gehabt. aber ivan hatte seit dieser nacht abstand genommen. er war ständig unterwegs. warum, konnte sich rózsika nicht erklären.

es dauerte keine woche, bis sich herr bernsteyn von frau lakatos verabschiedete, das vereinbarte geld auf den küchentisch legte, sich für die großzügigkeit und die gastfreundschaft bedankte und ging. rózsika kam erst stunden später aus der fabrik nach hause. unter ihrem polster fand sie die fotografie, die ivan von ihr an der donau gemacht hatte. sie hatte sich nicht von ihm verabschieden können.

in den nächsten tagen war sie niedergeschlagen, still und teilnahmslos. wenn ihre familie fragte, was sie denn hätte, sprang sie auf und lief zu ihrer freundin rebekka hinauf. das mädchen hatte sich erholt und verließ auch wieder das haus, trug jetzt aber stets rollkragenpullover und schals. rózsika hatte das gefühl, dass rebekka die einzige war, die sie verstand.

am ersten mai waren in der ganzen stadt paraden für den tag der arbeit im gange. rózsika marschierte mit ihren kolleginnen aus der fabrik über die rákóczy utca. sie hatte kummer und unglück hinter sich gelassen und lachte wieder in ihrer fabriksuniform. als sie an der kreuzung zur kazinczy utca vorbeikamen, musste sie dann doch an ivan denken, und auf einmal stand er da. an der ecke vor dem café. sie war sich zuerst nicht sicher. war er es wirklich? doch dann sah sie die schwarzgraue zorki in seiner hand, und plötzlich hatte sie das gefühl, sie würde gleich in ohnmacht fallen. sie blieb kurz stehen, sammelte sich und wollte zu ihm laufen. sie wusste nicht, was sie sagen sollte, aber sie wollte mit ihm sprechen. warum war er damals verdammt nochmal so plötzlich verschwunden, ohne sich zu verabschieden und ohne ihr auch nur ein wort zu hinterlassen. ihre blicke trafen sich. ivan senkte die kamera und in diesem moment bemerkte rózsika eine blonde frau, die seinen arm umklammerte und sich an seine schulter lehnte. sofort blieb sie stehen, machte kehrt, verließ den aufmarsch und lief nach hause. sie stieß die vielen menschen weg, die ihr im weg standen und sich nach ihr umdrehten.

an diesem sonnigen maitag schien es wieder einmal merkwürdig still auf dem klauzálplatz im herzen budapests. aus dem roten mietshaus mit der nummer neun hörte man eine alte frau schreien. sie klagte über gott und beschwor den himmel.

dieses mal war auch der rettungswagen zu spät gekommen. die junge frau, die aus dem haus getragen wurde, hatte eine schachtel dorlotin auf dem küchentisch zu staub zermahlen, in einer tasse kaffee aufgelöst und getrunken. in ihrem abschiedsbrief hatte sie ihren nichten ihre kleider vermacht, und die kredenz, die neben ihrem bett stand. ihren einzigen besitz. sie schrieb, dass ihr frau irén aus dem blumengeschäft in der dob utca geld geliehen hatte. dass diese frau arm sei und ihr das geld samt den zinsen zurückgezahlt werden sollte. neben dem brief lag eine fotografie. auf der rückseite das wort nachtigall. über ivan bernsteyn hatte sie kein wort geschrieben.

bei ihrem begräbnis herrschte großes gedränge. etwa hundert menschen folgten dem leichenzug. die alten frauen aus dem roten haus würden später schwören, den verschollenen vater in den letzten reihen gesehen zu haben. er sei wohl an der tragödie schuld gewesen. ivan bernsteyn war nicht gekommen.

das dritte zimmer

der trolleybus zuckelte durch den nebel und den gelben schimmer der straßenlaternen. zu dieser stunde waren auf dieser strecke in budapest sonst nur zwielichtige erscheinungen und vereinzelt verirrte geschäftsmänner unterwegs. in jener nacht saß außer dem busfahrer und zwei schnapsgetränkten gestalten allerdings auch ein kind in der letzten reihe des busses. das mädchen war keine zehn jahre alt, trug ein blaues polohemd mit spitzem weißen kragen. sie lehnte ihren kopf an die verdreckte scheibe und strich sich immer wieder die stirnfransen ihres pagenschnittes aus dem gesicht. die unheimlichen männer konnten sich kaum von ihr abwenden. ein kind um diese uhrzeit alleine im trolleybus, das bereitete sogar den betrunkenen sorgen. unbeeindruckt von ihren blicken, wischte sie sich die tränen aus dem gesicht, starrte wütend nach vorne und schluchzte. der bus zischte laut, als er am madách platz stehen blieb. das mädchen stieg aus.

sie eilte die majakovszkij gasse entlang, an den mauern des judenviertels vorbei. die alten mietshäuser wirkten fast schon bedrohlich in der dunkelheit. das echo ihrer eigenen schritte klang so, als würde sie jemand verfolgen. die wut von vorher sah in ihren augen jetzt mehr nach furcht aus. ihre schritte wurden größer und schneller, bis ihre füße immer kürzer den boden berührten und sie fast schon zu laufen begann. als sie im haus ihrer großmutter im zweiten stock ankam, war sie völlig außer atem.

sie klingelte. frau valeria, die mit großen augen und hochtoupierten haaren die schwarze flügeltür öffnete, trug wie meist ein violettes kleid, das einige zentimeter unter den knien aufhörte. darüber einen schwarzen bolero, der ihren üppigen körper kaschieren sollte. auf der brust einen löwenkopf als brosche. ein geübtes auge konnte erkennen, dass diese aufmachung nur für die eigenen wände bestimmt war und sie das haus an diesem tag kaum verlassen hatte. *allmächtiger herr, was machst du hier um diese uhrzeit, mein kind?*, fragte sie erschrocken und blickte in den flur. *wo ist deine mutter?* anikó sah mit gesenktem kopf und empörtem blick auf die dünnen beine ihrer großmutter hinunter. ihre geschwollenen füße glänzten unter den billigen nylonstrümpfen und quollen etwas aus den schwarzen pumps hervor. *mama hat gesagt, ich soll verschwinden,* sagte sie, zwängte sich an der stämmigen frau vorbei und stapfte in die wohnung. valeria legte die hand auf den mund, murmelte etwas, schüttelte den kopf und sperrte die tür ab. zwischen den meterhohen wänden, dem kristallluster und dem roten perserteppich fühlte sich anikó noch kleiner als sie war. das vorzimmer war so breit, dass sogar eine chaiselongue mit einem kaffeetisch platz hatten. valeria scheuchte das kind in die küche und setzte es neben sich. *so. und jetzt erzählst du mir, was passiert ist,* sagte sie jetzt schon etwas ruhiger, beflügelt vom ersten zug an ihrer parfümierten zigarette. anikó konnte den geruch von zigarettenrauch nicht ausstehen, doch die eleganz, die ihre großmutter beim rauchen ausstrahlte, faszinierte sogar sie. *mama hat gesagt, ich soll verschwinden. sie hat den boden gewischt und ich wollte sie etwas fragen,* anikó stockte. *ich bin auf den aufgewischten boden ge-*

stiegen und... und hab den boden schmutzig gemacht. und dann hat sie mich angeschrien und gesagt, ich soll verschwinden. da habe ich meinen mantel genommen und bin gegangen. – maria im himmel, also so etwas dummes hätte ich nicht von dir erwartet. und was machen wir jetzt? bei deiner mutter gibt es ja nicht einmal ein telefon. die ist sicher schon verrückt vor sorge und du... noch bevor sie den satz zu ende gesprochen hatte, läutete es im vorzimmer. valeria lief hastig hinaus, nahm den telefonhörer ab.

hallo? hallo? wer ist dran? also wirklich julia, schämen sollt ihr euch, du und dieser haarlose halunke von mann. die kleine ist ganz verschreckt, schrie sie in den hörer. ihre tochter am anderen ende der leitung stand im vorzimmer ihrer nachbarin. bei den vulgären worten, die ihre großmutter ins telefon brüllte, hörte anikó noch aufmerksamer hin und freute sich ein bisschen über den harschen ton, den sie mit ihrer mutter anschlug. *gut*, sagte valeria beruhigt, *sag ihm, er soll sich beeilen.* dann legte sie auf, ging zurück in die küche und setzte sich wieder neben ihre enkelin. *siehst du, was für scherereien du mir machst, mädchen*, sagte sie zu anikó, packte sie am arm, zog sie zu sich und drückte ihr gesicht fest in ihren busen. *dein vater wird dich nach der arbeit nach hause bringen. hast du hunger?*, fragte sie. *ja*, klang die stimme dumpf aus ihrem dekolleté. sie dämpfte ihre zigarette aus, stand auf und schmierte anikó zwei schmalzbrote.

in frau valerias wohnung, mitten im alten judenviertel, war es nie ganz still. als sie zwanzig jahre zuvor, kurz nach der sechsundfünfziger revolution in den *gózsdu* hof gezogen war, hatten im zweiten und dritten zimmer noch zwei andere familien gewohnt. eine genossenschaftswohnung im wahrsten sinne. als familie sárközi aus dem mittleren zimmer ins ausland flüchtete, besetzte es frau valeria mit ihrem mann und ihren vier kindern. die stilmöbel und gemälde hatten die sárközis nicht mitnehmen können. frau valeria hatte sie ihnen um einen spottpreis abgekauft. so wie auch die antiquitäten aus den wohnungen aller anderen dissidenten im haus. allmählich verwandelte sich die wohnung in eine residenz. auch valerias mann flüchtete aus ungarn. man sagte, dass ihn nicht nur die bolschewiken, sondern auch seine eigene gattin aus dem land vertrieben hätten. zu oft hatte sie ihn mit ihren violetten hausschlapfen verprügelt, wenn sie wieder gerüchte über eine seiner neuen liebschaften von den nachbarinnen auf dem gang erfuhr. jetzt wohnte anikós großvater in köln und schickte ihnen regelmäßig schokolade, kaffee, nylonstrümpfe und seife nach budapest. die pakete kamen immer halboffen oder neu verklebt aus dem westen an. mindestens die hälfte der ware hatten die zollbeamten und postboten aus den sendungen gefiltert. doch selbst die restbestände in den paketen reichten der familie, um vor den anderen roma im viertel mit ihrem westlichen wohlstand zu prahlen.

als dann frau márta, die jüdische trafikantin und überzeugte stalinistin aus dem dritten zimmer, mit achtundachtzig jahren starb, besetzte frau valeria auch diesen raum und wohnte nun alleine in der großbürgerlichen wohnung. sie selbst bezog das größte zimmer. die zwei anderen räume musste sie unter der hand vermieten, um sich mit den einkünften über wasser zu halten.

eine junge frau mit kurzen blonden haaren kam aus dem dienstbotenzimmer in die küche. sie trug nur ein nylon-negligé und schlich wie immer auf zehenspitzen und mit einer zigarette in der hand durch die wohnung. sie war gerade dabei, sich für die arbeit in einem der nachtlokale ums eck herzurichten. ein starkes, blumiges parfüm erfüllte die küche und legte sich über den schmalzgeruch. *ich hab mir schon gedacht, dass ich deine stimme höre*, sagte sie zu anikó. *wo ist deine mutter? was machst du denn hier so spät in der nacht, du kleine strawanzerin?*, fragte sie und verwuschelte ihre kurzen haare. anikó antwortete nicht und kaute weiter. *schau mal, ich hab da was für dich*, sagte sie, zog ein caramelbonbon aus ihrem bustier und legte es neben anikós teller. frau valeria nahm einen großen zug von ihrer zigarette und wollte gerade etwas sagen, als frau cica ihr zuvorkam: *ich weiß, ich weiß, frau valeria. ich lege ihnen die miete morgen nachmittag auf die kredenz im vorzimmer. ich werde heute gut verdienen, das spüre ich in den knochen*. frau valeria zog vorwurfsvoll die rechte augenbraue hoch. sie war dunkel gefärbt und ganz dünn gezupft. noch dünner, als ihre zigarette. cica blies eine rauchwolke in den raum und dämpfte eilig den stummel im porzellanaschenbecher aus. dann küsste sie anikó auf die wange. ihr speichel roch schal und abgestanden. anikó wartete, bis sie aus dem raum gegangen war und wischte sich angewidert den kuss aus dem gesicht. sie mochte frau cica. sie strahlte etwas geheimnisvolles und verbotenes aus.

die eingangstür ging auf und knallte wieder zu. eine schwangere frau trat ins vorzimmer und fluchte im flüsterton. valeria riss die augen auf, stand auf und ging mit kleinen, schnellen schritten ins vorzimmer. *piri, meine liebe, ist alles in ordnung mit dir?*, fragte sie und setzte einen mitleidigen blick auf. *verzeihen sie mir, frau valeria. dieser gottverdammte strizzi, soll ihm der schwanz abfallen!*, verfluchte die junge frau ihren verlobten. anikó stand im türrahmen und staunte über ihre worte. piroska schlug sich verlegen die hand auf den mund und bat anikós großmutter mit einem seitenblick um verzeihung. frau valeria drehte sich um. *geh, mein kind! hol der piri doch bitte ein glas wasser!*, sagte sie zu ihrer enkelin und trieb sie in die küche. anikó konnte es nicht ausstehen, wenn ihre großmutter sie mit einem vorwand aus dem zimmer scheuchte, immer dann, wenn die erwachsenen die interessantesten geheimnisse ausplauderten. anikó seufzte und ging in die küche. *ich hab ihn seit drei tagen nicht mehr gesehen, dieses verlogene schwein. ich habe das ganze viertel durchsucht. keine spur. er lässt mich einfach ohne einen fillér alleine verrecken*. frau valeria richtete sich ihre toupierten haare, ging auf die frau zu und umarmte sie. *ach, piri, meine liebe. das wird schon. und über die miete brauchst du dir keine sorgen machen. ihr zahlt einfach dann, wenn ihr das geld habt*, sagte sie, mit einem ton, der unmissverständlich machte, dass das geld besser früher als später auf der kredenz im vorzimmer liegen müsse. anikó brachte ein glas wasser. *ah, danke, mein kind*, sagte frau valeria und reichte piroska das glas. sie trank gerade mal einen schluck, wünschte den beiden eine gute nacht und ging in das dritte zimmer, das sie mit ihrem verlobten bewohnte.

es läutete an der tür. frau valeria machte auf. ein kahler mann, keine dreißig jahre alt, stand vor der tür. er trug noch seine kellneruniform. sie schüttelte vorwurfsvoll den kopf und ließ ihren schwiegersohn herein. *so. hier endet jetzt das abenteuer, madame*, sagte sie zu ihrer enkelin. *zieh dich an, mein kind.* anikó sah ihr ernst in die augen. *nein*, sagte sie überzeugt. *ich bleib hier.* in diesem moment trat frau cica ins vorzimmer. den grünen lidschatten und den roten lippenstift hatte sie großflächig aufgetragen. sie trug einen großen braunen pelzmantel. darunter blitzten nylonstrümpfe und grüne stöckelschuhe hervor. alles etwas abgetragen. *guten abend, herr zélig. lange nicht mehr gesehen*, grüßte sie anikós vater und reichte ihm die hand. der versuchte mit aller kraft, nicht auf ihren üppigen busen zu starren, der leicht aus dem mantel schaute. *bis zum nächsten mal, strawanzerin!*, sagte sie zu anikó. *ich geh nicht weg. ich bleibe hier*, antwortete anikó. *tatsächlich?*, lachte cica. *na dann sehen wir uns morgen zu mittag wieder.* sie zwinkerte und eilte in die arbeit. *so, komm jetzt anikó. ich hab nicht die ganze nacht zeit für deine blöden spielchen. zieh dir die schuhe an und abmarsch*, sagte miklós zélig in forschem ton zu seiner tochter. *ich habe gesagt, ich bleibe hier. ich geh nicht mit dir mit, du gottverdammter strizzi*, wiederholte sie piroskas worte. miklós holte aus und gab ihr eine wuchtige ohrfeige. anikó sagte nichts. dann weinte sie, vor schmerz, aber noch mehr vor wut. *schleich dich sofort oder ich verpass dir eine, dass du dich nicht mehr traust, einen fuß in dieses haus zu setzen!*, schrie frau valeria ihren schwiegersohn an. miklós schnaufte. er hatte schon immer etwas angst vor frau valeria gehabt. *gut, frau valeria, dann kümmern sie sich jetzt um das kind. machen sie sich das mit der juli aus*, sagte er und ging. *nichtsnutz*, sagte valeria leise. *komm her, mein kind. solche worte will ich nicht mehr von dir hören!* anikó weinte und schluchzte. *die großmama wird schon alles richten,* beruhigte sie frau valeria.

am nächsten morgen wachte anikó alleine im doppelbett ihrer großmutter auf. die seidenbettwäsche roch so geborgen nach ihrem parfüm. von draußen hörte sie großes gelächter, als stünde die gesamte belegschaft des ringstraßentheaters in der küche. doch es war nur ihre großmutter mit ihrer schwester teréz, die sich lauthals über den neuesten tratsch aus dem viertel amüsierten. hergerichtet waren sie allerdings tatsächlich beide, als kämen sie gerade von einem varietébesuch. anikó stand im türrahmen. sie trug ein nachthemd ihrer großmutter, das bis zum boden reichte. sie stolperte fast, als sie in die küche lief. *tante teri!*, rief sie und eilte zu der alten dame, die am großen küchentisch saß und genüsslich kaffee aus dem westen trank. *servus, du schönes kind!*, grüßte sie. bis auf die blondgefärbte hochsteckfrisur sah die frau haargenau so aus wie eine ältere variante von frau valeria. sogar ihre speckfalten legten sich genauso auf ihre hüften, wie die ihrer schwester. sobald anikó die küche betreten hatte, war es still geworden. so gerne hätte das mädchen die geheimen gespräche der damen belauscht.

frau valeria stellte ihrer enkelin milchkaffee auf den tisch, schlug eier auf, tränkte zwei scheiben weißbrot darin und briet sie in schweineschmalz. *deine mutter war heute schon da. ich habe ihr gesagt, dass sie dir gewand vorbeibringen soll und dass du jetzt eine zeitlang bei mir bleibst,* erklärte sie ihrer enkelin, die sich zufrieden an den oberschenkel ihrer großmutter schmiegte. mit breitem lächeln sah teréz dem mädchen beim essen zu und zupfte immer wieder ein kleines stück von ihrem brot ab, während sie erzählte. *die mici aus der dobutca soll schon wieder auf urlaub gefahren sein*, erklärte sie ihrer schwester, die ganz empört die augenbrauen nach oben zog. die geheimsprache der erwachsenen hatte anikó schon ganz früh gelernt. sogar die wörter, die die großen auf romanes in ihre sätze mischten, hatte sie allesamt verstanden. doch was an einem urlaub so schlimm sein sollte, konnte sie diesmal nicht durchblicken. und was eine abtreibung ist, würde sie auch erst jahre später herausfinden. *na soll sie nur ihren urlaub machen. besser noch ein urlaub, als noch ein maul, das sie nicht stopfen kann und zu ihrer mutter abschiebt*. teréz nickte eifrig. *recht hast du, schwester. so hat sie zumindest noch ihre freiheiten, das arme ding*. wie oft die beiden in jungen jahren selbst in diese art urlaub gefahren waren, besprachen sie nur ungern. über die taten der anderen ließ sich doch immer leichter urteilen. *schmeckts, mein kind?*, fragte valeria und sah dabei zu, wie anikó zufrieden vor sich hin schmatzte.

jemand läutete an der tür. anikó sprang auf und öffnete. tibor lakatos stand auf dem gang und blickte verlegen zu boden. sein enges getupftes hemd war weit offen und seine schwarzen brusthaare schauten hervor. seine lederjacke hatte er über seine schulter gehängt, in der anderen hand hielt er ein großes tablett mit cremeschnitten. *hallo tibi! das sind ja viele cremeschnitten! soll ich die piri holen?*, fragte das mädchen. *nein, nein, ich geh lieber gleich zu ihr rein*, sagte er und betrat die wohnung. *ob das eine gute idee ist, tiborkam?*, fragte frau valeria, als wäre sie aus dem nichts aufgetaucht. man konnte ihr ansehen, dass sie bereit war, ihren hausschuh auszuziehen und ihn aus der wohnung zu dreschen. *ist schon gut, frau valeria. er soll ruhig reinkommen, dieser scheißkerl!,* sagte eine strenge stimme aus dem hintergrund. piroska stand im türrahmen, ihre hand auf den schwangeren bauch gelegt. nur anikós anwesenheit hielt sie davon ab, ihrem verlobten jedes erdenkliche schimpfwort an den kopf zu werfen. *cremeschnitten bringst du mir? soll dir der herrgott die kraft aus den knochen ziehen! dass du dich noch hierher traust,* sagte sie mit einer ruhe in der stimme, die sogar frau valeria etwas angst einjagte. sie riss ihm das tablett aus der hand, nahm das papier herunter, zog eine cremeschnitte heraus und überreichte den rest dem mädchen. *hier mein schatz. iss sie alle auf, wenn du möchtest.* anikó grinste ganz verlegen und lief mit dem tablett in die küche. piroska drehte sich um, zog tibors hosenbund nach vorne und steckte die cremeschnitte tief in seinen schritt. *das sollte dich ein bisschen abkühlen. wer weiß, wo du die letzten tage überall drinnen warst.* der mann stand regungslos da und schaute auf den plafond. das selbstgefällige lächeln konnte sich frau valeria am weg in die küche nicht verkneifen. *rein mit dir. soll der hergott dir den sack abreißen! was für eine blamage du bist,* hallte es durchs vorzimmer.

in den nächsten tagen hörte man aus dem dritten zimmer tag und nacht geschrei und flüche. ab und zu schnappte anikó ein neues schimpfwort auf, das sie sich gut merkte. nur wenn tibor arbeiten ging, wurde es allmählich leiser bei piroska. der selbstmord von tibors schwester lag nun schon sechzehn jahre zurück. in der klauzálgasse, wo seine familie wohnte, tuschelte man, dass ihn diese tragödie vollkommen verändert habe. und als auch noch seine mutter starb, ertränkte er seine sorgen immer öfter im billigen hausschnaps der kellerlokale der gegend. und so sehr es piroska auch versucht hatte, sie konnte ihm weder seine spielsucht austreiben, noch sein tagelanges ausbleiben mit den zigeunermusikern aus dem restaurant, in dem er nachts arbeitete.

frau cica sah anikó nur selten. sie lebte ein verkehrtes leben, pflegte valeria zu sagen, wenn anikó fragte, warum frau cica kaum zu hause sei. was ein verkehrtes leben sein sollte, begriff sie zwar nicht ganz, aber dass es aufregend sein musste, da war sie sicher. einmal, als frau valeria piroska zum arzt begleitete und ihre enkelin kurz alleine ließ, schlich sich anikó in frau cicas zimmer. kurze nachthemden mit spitze in allen farben hingen neben durchsichtigen strumpfhosen auf einer weißen kleiderstange. darunter sandalen und pumps. es war hell draußen, trotzdem war das zimmer komplett verdunkelt. es roch nach zigarettenrauch und schweißfüßen. das bett war gemacht. anikó erinnerte sich daran, dass ihre großmutter frau cica ermahnt hatte, *ja* keinen ihrer kunden in die wohnung mitzunehmen. anikó fragte sich seitdem, was cica ihren kunden wohl verkaufte. *vielleicht nachthemden?,* dachte sie, als sie die kleiderstange begutachtete. sie sah sich um und horchte ganz genau, ob jemand in der wohnung war. es war ungewöhnlich still. sie schlich zum frisiertisch, auf dem dutzende parfümfläschchen aus dem westen standen. sie nahm eines in die hand und roch am verschluss. wie gerne hätte sie sich damit eingesprüht. doch sie konnte nicht riskieren, dass cica – oder viel schlimmer noch, ihre großmutter – verdacht schöpften, dass sie in eines der verbotenen zimmer gegangen war. sie stellte das fläschchen wieder zurück und zog eine schublade heraus. viele flache quadratische plastikverpackungen lagen darin. solche bonbons hatte sie noch nie gesehen. sie machte die zweite lade auf, darin lag eine polaroidkamera. daneben kleine fotografien. sie nahm eine heraus und da sah sie frau cica nackt auf ihrem bett posieren. eilig warf sie die fotografie wieder in die lade, lief aus dem zimmer und schlug die tür zu. erschrocken stand sie im vorzimmer. ihre großmutter müsste doch davon erfahren, dass ihre untermieterin nacktfotos von sich machte, oder nicht? aber wenn sie es ihr erzählen würde, dann wüssten alle, dass sie sich in cicas zimmer geschlichen hatte. sie schüttelte den kopf und beschloss, niemandem je von diesem geheimnis zu erzählen.

es war freitag nachmittag. anikó kam aus der schule nach hause, stellte ihre schultasche im vorzimmer auf den boden und schaute in der küche nach, ob ihre großmutter schon zu hause war. im vorzimmer stand ein silberner roller, den frau valeria ihrer enkelin zum geburtstag beim pfandleiher gekauft hatte. sie nahm den roller in die hand und lief wieder auf den gang. dann hörte sie laute stimmen. *raus mit dir, du verräterin!*, schrie ein mann durch den gózsdu hof. anikó erschrak und versteckte sich hinter dem geländer. dann hörte sie schritte im erdgeschoß, spähte nach unten und sah, wie zwei männer in ballonmänteln eine barfüßige frau aus dem haus zerrten. einer der männer hatte über dem auge ein rotes feuermal, so groß wie anikós handfläche. die männer machten ihr angst, doch es war nicht das erste mal, dass sie so etwas gesehen hatte. sie wartete noch einige minuten, als das tor hinter ihnen zugefallen war, erst dann richtete sie sich wieder auf und hob ihren roller vom boden auf. sie ging den gang entlang und klopfte an der tür mit dem namensschild PUKLER. ein eleganter, gutaussehender mann mit zerzausten haaren am hinterkopf öffnete langsam und spähte durch den türspalt. *ach, du bist es, anikó*, sagte herr pukler erleichtert, sah sich misstrauisch am gang um, setzte sich die kippa wieder auf und richtete sich seine brille und seine haare. *git shabbes!*, sagte er, *du willst bestimmt zu andrea.* dann rief er nach seinen kindern, und ein dunkelhaariges mädchen in anikós alter lief ihr entgegen. hinter ihr ein fescher junge mit breiten schultern. er musste um die fünfzehn sein, aber jedenfalls um einiges älter als anikó. in seiner gegenwart war sie immer etwas verlegen. *servus andrea, servus tomi!*, grüßte sie die beiden. *gehen wir in den hof roller fahren?*, fragte sie aufgeregt. *kurz vor sonnenuntergang seid ihr wieder zurück, ist das klar?*, rief eine frauenstimme laut aus der küche. *ja, mama!*, sagte tamás und die beiden folgten anikó die treppen hinunter. sie setzten sich auf eine stufe vor dem eingang zur schellackmanufaktur, die im innenhof des hauses platten herstellte. nur jene, die vom kommunistischen regime abgesegnet wurden, versteht sich. und manchmal natürlich auch eine jazz schallplatte aus dem westen. nur auf bestellung und nur für ausgewählte kunden, die für die schmuggelware tief in ihre geldbörsen griffen. anikó spielte gerne mit den schellackresten, die hinter dem geschäft in den hof geworfen wurden. mit andrea hatte sie schon ganze schlösser daraus gebaut. tamás zog ein packerl zigaretten und streichhölzer aus seiner manteltasche und zündete sich eine an. immer wieder schaute er sich um, ob ihn auch niemand beobachtete. sein vater, der großcousin des oberrabiners aus dem tempel ums eck, hätte ihn wohl ein zweites mal beschnitten, wenn er erfahren hätte, dass sein sohn schon seit drei jahren rauchte. *willst du eine?*, fragte er anikó, die ihn anstarrte, seit sie sich hingesetzt hatten. sie schüttelte den kopf und schaute verlegen weg. tamás hätte sie sogar trotz der stinkenden zigaretten gerne geküsst. was die mutter des jungen von einer romni mit einem ungläubigen jüdischen vater halten würde, war ihr wohl gar nicht in den sinn gekommen. *kommt, ich zeige euch einen geheimgang,* flüsterte tamás, warf seine zigarette auf den boden und trat sie aus. sie gingen die stufen hinunter in den keller. er öffnete eine graue metalltüre. sie führte zu einem raum mit vielen schaltern und leitungen. sie gingen durch eine zweite tür, die hinter kabeln und rohren versteckt war und in einen langen dunklen gang führte. tamás leuchtete mit seiner taschenlampe den weg. eine gute viertelstunde gingen sie. den schmalen, verwinkelten tunnel hatte ihm sein cousin gezeigt. während des krieges, bevor er rabbiner wurde, schmuggelte sein vater die juden durch diesen geheimgang aus dem ghetto. anikó hatte angst, doch sie traute sich nichts zu sagen. sie wollte nicht, dass tamás sie für einen angsthasen hielt. am ende des tunnels hob tamás eine luke in der decke an. licht strahlte von einer kleinen gasse neben dem donauufer in den geheimgang. sie kletterten rasch heraus und setzten sich auf eine bank am fluss. tamás zündete sich noch eine zigarette an. *spielen wir was!*, sagte andrea im flüsterton. anikó kam näher. *jeder erzählt ein geheimnis.*

wer das spannendste geheimnis hat, hat gewonnen! tamás hatte rauch in der lunge und wollte schon nein sagen, als anikó aufgeregt sagte: *ja! spielen wir! spielen wir! aber wir müssen uns schwören, dass wir es keiner menschenseele weitererzählen!* die drei gaben sich die hand und andrea bat anikó zu beginnen. sie musste kurz überlegen. wenn sie über die nacktbilder in frau cicas frisiertisch erzählen würde, hätte sie das spiel bestimmt gewonnen. aber was, wenn die beiden ihr wort nicht hielten und es frau valeria doch erzählten? *na sag schon!*, drängte tamás. *na gut*, begann anikó, *als ich mich letztens in das zimmer von frau cica geschlichen habe, da habe ich ganz viele fotos gefunden.* sie stockte. *und weiter?*, fragte der junge ungeduldig. *da sieht man ihren nackten busen! und dass sie ganz dunkle haare hat, da unten*, flüsterte sie immer leiser. tamás tat so, als würde ihn die geschichte langweilen. zu gerne hätte er die fotografien von frau cica selbst gesehen. *das wars?*, fragte er arrogant. andrea allerdings sah anikó mit großen augen an und stellte ihr noch ein dutzend fragen, bevor sie selbst an der reihe war. *jetzt du!*, forderte anikó und zeigte auf das dünne mädchen. *also gut. weißt du noch, wie ich dir erzählt habe, dass wir über die winterferien zu unseren großeltern aufs land gehen werden? in wahrheit ziehen wir zu unserer tante nach ameri...* tamás sprang auf und schlug seiner schwester auf den hinterkopf. *sag einmal, spinnst du?*, flüsterte er mit gepresster stimme, so als wollte er schreien. *wir haben es mama und papa geschworen!* er drehte sich zu anikó. sein gesicht war ganz ernst. *anikó!*, begann er, *versprich mir hoch und heilig, schwöre auf das leben deiner eltern, dass du keiner menschenseele erzählst, was du gerade gehört hast!* er packte anikó an der schulter und sah ihr fast schon besessen in die augen. er machte ihr ein bisschen angst. *ich schwöre!*, sagte anikó und nickte.

am nächsten tag schlief anikó lang. als sie aufwachte, kam frau cica gerade aus der arbeit nach hause und legte sich schlafen. *die sieht ja gar kein sonnenlicht*, hörte anikó frau valeria leise im vorzimmer sudern. sie saß mit ihrer schwester auf dem sofa. die beiden tranken kaffee aus porzellantassen mit goldrand und äscherten gleichzeitig im kristallaschenbecher ab. *na jedenfalls hat sie mir erzählt, dass gestern bei hellichtem tag zwei männer von der avh die frau rigó abgeholt haben. wie furchtbar, die arme frau.* teréz sah aus dem augenwinkel, dass anikó im türspalt stand und deutete ihrer schwester, den mund zu halten. *guten morgen, siebenschläferin!*, grüßte frau valeria. *setz dich in die küche, dein frühstück steht schon auf dem tisch.* sie gab den beiden frauen einen kuss auf die wange und ging weiter. auf dem weg in die küche läutete jemand an der tür. *ich geh schon!*, rief anikó und öffnete. eine frau mittleren alters in einem ballonmantel stand auf dem gang. sie erkannte ihr gesicht. es war die schutzfrau. das mädchen grüßte höflich. in den letzten wochen war sie immer wieder hier gewesen und hatte nach piroskas wohlergehen geschaut. die schwangere frau war gerade bei ihrer mutter, so drehte sich anikó um und rief laut tibors namen. piroskas verlobter torkelte im halbschlaf, erschöpft von der nachtschicht aus dem zimmer. *guten tag, herr genosse*, grüßte die schutzfrau freundlich. *guten tag. wie kann ich ihnen helfen?*, fragte tibor. *ich habe einen termin mit dem mütterchen*, erklärte sie. tibor schaute verdutzt. *mit dem mütterchen? das bezweifle ich aber stark, gute frau*, sagte er verwirrt und dachte an seine selige mutter. *aber wieso denn? ist das mütterchen nicht hier?*, erkundigte sie sich nach piroska. *das mütterchen? nein. das mütterchen ist nicht hier*, sagte tibor und wunderte sich über die makaberen fragen der frau. *nicht hier? ist sie außer haus?*, fragte sie. *natürlich! das mütterchen ist schon sehr lange nicht mehr bei uns*, erklärte er. *tatsächlich? aber ich habe das mütterchen doch letzte woche hier besucht*, antwortete sie. tibor lief ein schauer über den rücken. seine mutter war doch schon seit beinahe zwei jahren tot. *letzte woche? gute frau, sie irren sich. ich bin mir sicher, dass sie das mütterchen nicht hier angetroffen haben!*, sagte er mit einem zittern in seiner stimme. *aber wo ist das mütterchen denn? ist sie umgezogen?*, fragte sie und überlegte, ob sie an der richtigen tür geklopft hatte. *das mütterchen?*, fragte tibor immer wütender. *das mütterchen ist auf dem friedhof!* die frau stockte. *auf dem friedhof?*, staunte sie. *sie schaut sich die erdäpfel von unten an*, rief tibor. *verkaufen die ihrigen neuerdings gemüse am friedhof?*, fragte sie verwirrt. *verstehen sie nicht, gute frau?*, sagte er verärgert. *das mütterchen hat dort oben beim petrus ans tor geklopft!* die frau kniff die augen zusammen. *aber ich hab doch letzte woche einen termin mit ihr vereinbart!*, sagte sie. *KAPIEREN SIE ES NICHT? SIE IST TOT!*, hob tibor die stimme. *TOT?*, schrie sie. *aber wie kann das sein? ich habe sie doch noch…*, vor ihren augen lag piroska inmitten von erdäpfeln und kohlköpfen leblos auf dem bett, auf dem sie sie eine woche zuvor noch begutachtet hatte. sie begann zu weinen. *es tut mir schrecklich leid um ihren verlust, herr genosse*, sagte sie. *verlassen sie bitte dieses haus*, erwiderte tibor wütend: *für solch makabere spielchen habe ich keinen magen! leben sie wohl!* er schlug die eingangstür zu und die schutzfrau lief schluchzend die treppe hinunter. im stiegenhaus kam ihr piroska entgegen. sie schrie so laut auf, dass ihre stimme durch das ganze haus dröhnte, als hätte sie gerade einen geist gesehen. piroska versuchte, sie zu beruhigen.

so ein verrücktes, dummes weib, flüsterte tibor, als er in das zimmer zurückging, um sich wieder hinzulegen. er war gerade dabei, wieder einzuschlafen, als seine verlobte die zimmertür aufriss und losbrüllte: *sag einmal, bist du von allen guten geistern verlassen? wie konntest du der armen frau so einen schreck einjagen! TOT?*, rief sie. *tot bin ich also für dich?*, fragte sie. *nein, nein, die hat doch nach meiner mutter gefragt, piri!*, versuchte er zu erklären. *das war die schutzfrau, du verdammter dilo!*, schrie sie. *was ist eine schutzfrau?*, fragte er. *jede schwangere im ganzen verdammten land hat eine schutzfrau! das ist gesetz, du nichtsnutz! das musst du doch wissen! sie kommt jede woche, um zu schauen, ob es mir und dem kind gut geht! wenn du ein bisschen öfter zu hause wärst und nicht immer dein geld verspielen würdest, dann hättest du die schutzfrau schon einmal gesehen, du versoffener taugenichts!* tibor schüttelte den kopf. er genierte sich für das missverständnis. dann zog er sich an, sagte kein wort mehr und stürmte zur tür hinaus. piri setzte sich neben die schwestern auf die chaiselongue. *ich bin so frei, frau valeria*, sagte sie, griff zum zigarettenetui der dame und zündete sich eine an. *natürlich, meine liebe. bei dem bahö. passen sie auf. ich sag ihnen, was sie mit diesem volltrottel machen!*, sagte sie zu ihr und wollte ihr gerade einen perfiden plan unterbreiten, als anikó plötzlich vor ihnen stand und aufmerksam lauschte. *geh, mein kind, bring der tante teri doch bitte noch ein glas wasser!*, sagte sie wie immer, um anikó loszuwerden. *das geht nicht, großmama*, sagte anikó ganz ernst. *der hausmeister hat doch das wasser abgedreht!*, erklärte sie. *was hat er gemacht?*, staunte frau valeria, sprang auf und eilte mit ihrer schwester und der untermieterin in die küche, um den wasserhahn zu kontrollieren. als sie zurückkamen, saß anikó mit einem breiten grinsen auf der chaiselongue. *du raffiniertes kleines ding*, lachte frau valeria hämisch und fuhr ihr mit beiden händen durchs haar. *na gut. du kannst hierbleiben, aber dann hältst du den mund, verstanden?*, sagte sie zu anikó, die sogleich nickte. *also gut, piri, du wirst folgendes machen mit diesem scheißkerl....*

als tibor einige stunden später nach hause kam, war piri nicht mehr da. er grüßte frau valeria, die erwartungsvoll im vorzimmer thronte. dann ging er ins bad, wo er sich im lavoir waschen wollte. ein gellender schrei ging durch die ganze wohnung und riss sogar frau cica aus dem schlaf. *dieses miststück!*, rief tibor mit seinem durchnässten hemd in der hand. seine verlobte hatte seine kellneruniform in zwei großen kochtöpfen unter wasser gesetzt. vom frack bis zu den lederschuhen hatte sie alles in seifenlauge eingelegt. *geschieht dir recht*, dachte frau valeria, die genüsslich an ihrem kaffee schlürfte, als wäre nichts geschehen. *ist alles in ordnung, tiborkám?*, fragte sie unschuldig. tibor raste aus dem badezimmer und verfluchte piroska mit jedem schritt. sie hatte seine einzige arbeitsuniform ruiniert. nach einigen minuten kam er mit einem lederkoffer aus dem dritten zimmer. *sagen sie diesem luder, dass sie mir für immer fern bleiben soll!*, sagte er zu frau valeria. *aber tiborkám*, erwiderte sie, erschrocken vom gedanken, dass ihr plan vielleicht etwas zu weit gegangen war. *piri ist ihre verlobte! sie müssen sie doch zur frau nehmen!*, sagte sie und stand auf. *ich?*, rief tibor, als er schon im türrahmen stand, *soll sie doch der herrgott nehmen, der ist noch ledig!* er schmiss die türe zu und ging. frau valeria bekreuzigte sich. was hatte sie getan? jetzt würde piroska die miete wohl gar nicht mehr zahlen können.

am nächsten tag würde anikós vater erzählen, dass sich sein kollege tibi eine uniform von ihm ausgeborgt hatte. dass miklós mehr als einen kopf kleiner war und tibor die hosenbeine gerade einmal bis zu den waden reichten, belustigte frau valeria dann doch wieder so sehr, dass ihr der streich einige monatsmieten wert war.

die nächsten wochen waren schwer für piroska. tibor hielt sein wort und hatte seit dem intermezzo mit der seifenlauge kein wort mit ihr gewechselt. ihr bauch wurde immer größer und sie musste nun ihre familie um geld anbetteln, um über die runden zu kommen. in übergroße tücher gehüllt, hetzte sie das viertel entlang. so etwas wie umstandsmode war damals selbst im westen eine rarität, geschweige denn im kommunismus der siebziger jahre. aber auch an reichen tanten oder onkeln mangelte es in dieser zeit in budapest. die meisten leute schienen damit beschäftigt, ihr eigenes überleben zu sichern.

anikós mutter kam alle paar tage vorbei, um ihre tochter zu besuchen, aber noch mehr, um den anschein zu wahren, eine passable mutter zu sein. dass weder sie noch ihr mann sich um das wohl ihres kindes sorgten, war allerdings kein geheimnis. anikó sagte nichts, denn das leben bei ihrer großmutter war ohnehin viel aufregender, als jenes in ihrem elternhaus.

bei frau cica hatte sich in den letzten wochen kaum etwas verändert. sie ging nachts außer haus, kam mittags nach hause, oft zeitgleich mit anikó, die aus der schule kam. nachmittags schlief sie, und so bekam sie anikó nicht oft zu gesicht. auch die neugierde für ihr zimmer hatte sich gelegt. vor allem die aktfotos, aber auch der fußgeruch hatten dem geschleiche seinen reiz genommen.

dass cica der wohnung immer dann fernblieb, wenn sich die schutzfrau ankündigte, blieb auch anikó nicht verborgen. Auch anikós großmutter gab sich der frau gegenüber, die sich als eine art staatliche pflegerin um piroskas wohl kümmerte, immer etwas verhalten und reserviert. über staatsspitzel und spione hatte sie zwar in den sowjetischen propagandafilmen über den westen gehört. doch dass die schutzfrau bestimmt eine herzensfreundliche dame war, das stand für anikó außer frage.

anikó war piroskas größter trost geworden. das mädchen unterhielt sich oft stundenlang mit ihr. ihr mund wollte gar nicht mehr aufhören zu schnattern. anikó verbrachte beinahe schon mehr zeit mit piri, als mit ihrer freundin andrea. tamás schien seit dem vorfall am donauufer frau valerias türe überhaupt zu meiden, so gut er konnte. selbst als frau valeria seinen vater, den jüdischen elekroinstallateur aus der nachbarwohnung, zu sich rief, um eine kaputt gewordene leitung zu reparieren, begleitete tamás ihn nur nach mehrmaligem ermahnen. anikó sah er nicht in die augen, während er seinem vater das werkzeug reichte. dass sie das verletzte, konnte sie wohl kaum verschleiern. und so fand ein hammer aus dem werkzeugkasten schnell seinen weg in anikós tasche. als herr pukler fertig war, schickte er tamás nach hause. anikó setzte sich auf die chaiselongue und versuchte zu lauschen, worüber sich ihre großmutter so heimlich und diskret mit herrn pukler unterhielt. doch sie verstand kein wort. nur das viele geld, das sich herr pukler am weg aus der küche in die sakkotasche steckte, konnte anikó erspähen. *ein teurer elektriker, dieser pukler,* dachte sie.

als sie am nächsten tag von der schule heimkam, legte sie ihre tasche ab und ging gleich in das zimmer ihrer großmutter. frau valeria war zwar nicht da, doch in ihrem zimmer stand auf einmal eine barocke pendeluhr, ein marmortisch mit vier jugendstilsesseln, und ein zusammengerollter perserteppich lehnte an der wand. dicht an das neue mobiliar gedrängt, wippte ein schaukelstuhl aus ebenholz, daneben ein halbes dutzend ölgemälde aufeinandergestapelt. anikó fühlte sich wie auf einem flohmarkt. sie wusste nicht, woher ihre großmutter plötzlich all die schönen dinge hatte. sie setzte sich kurz in den stuhl, schaukelte einige minuten vor und zurück und stellte fest, dass sie ihr neues lieblingsmöbelstück gefunden hatte.

ihre großmutter war noch immer nicht zu hause. also zog anikó den gestohlenen hammer vom vortag aus ihrer schultasche, verließ die wohnung und läutete bei familie pukler. frau pukler machte auf und anikó bat sie höflich, ihren sohn zur tür zu schicken. *was machst du hier?*, fragte tamás trocken. *servus tomi. ihr habt gestern diesen hammer bei uns vergessen*, sagte sie und streckte ihm das werkzeug entgegen. verwundert bedankte sich tamás und wollte schon die türe schließen. *warum spielst du nicht mehr mit mir? hast du mich nicht mehr gern?*, fragte anikó plötzlich. doch er antwortete nicht. *wie lange seid ihr noch hier?*, fragte sie. tamás riss die augen auf. *halt den mund,* flüsterte er, *ich habe dir doch gesagt, dass du niemandem auch nur ein wort darüber sagen darfst, du dummes gör! hast du verstanden? und jetzt verschwinde!* die tür fiel zu. warum hatte tamás sich so verändert, dachte sie. sie ging zurück in die wohnung der großmutter und wischte sich im vorzimmer die tränen aus dem gesicht. *anikó! was ist passiert?*, fragte piroska besorgt. anikó schüttelte nur den kopf und schluchzte. *komm mit!*, flüsterte sie und nahm sie mit in ihr zimmer. *hast du ihn geküsst?*, fragte piroska. anikó blickte sie erschrocken an. *schon gut. ich habe gesehen, wie du ihn anschaust. das ist ganz normal*, beschwichtigte sie. *genauso habe ich tibi angeschaut, als ich mich in ihn verliebte. und dann bin ich draufgekommen, dass er ein dreckiger lügner ist. und trotzdem bin ich noch da. und so wie deine großmutter werde ich auch alles alleine schaffen. wahrscheinlich sogar noch besser als mit diesem taugenichts*. anikó war sich nicht sicher, ob piroskas worte sie ermutigen oder eher für piroskas eigenes wohlbefinden sorgen sollten. wie auch immer. sie hatten geholfen, die verletzenden worte von tamás zu vergessen. *also, was ist denn eigentlich passiert?*, fragte piroska. *ach piri. das würde ich dir so gerne erzählen, aber ich darf es nicht. ich habe es geschworen*, sagte anikó mit verschränkten armen. piroska lächelte hämisch. *also. bei jedem schwur gibt es ein hintertürchen. worauf hast du denn wortwörtlich geschworen?*, fragte sie. *ich habe auf das leben von papa und mama geschworen, keiner menschenseele zu erzählen, was ich gehört habe*, wiederholte sie tomis worte. *aha! ein klassischer schwur. wenn du es mir erzählst, wird deinen eltern etwas ganz böses passieren, stimmts?* anikó nickte. *na gut*, sagte piroska, *aber was wäre, wenn du es jemandem erzählst, der keine menschenseele hat, und ich es ganz zufällig mithöre?*, fragte sie. *aber wie soll das denn gehen?*, fragte anikó und ihre augen funkelten. piroska griff nach einem alten abgegriffenen teddybären. *er hat doch keine menschenseele, oder?*, flüsterte sie. anikó sprang auf und nahm ihr das stofftier aus der hand. vor lauter aufregung riss sie dem bären unabsichtlich einen silbernen knopf ab, liebkoste ihn und erzählte ihm alles. von tomis zigaretten, von andreas lüge über die winterferien, von der amerikanischen tante, und davon, dass sie die beiden so schrecklich vermissen würde wie ihren großvater. die ganze zeit umklammerte sie den silbernen knopf in ihrer rechten hand. nur vom geheimen tunnel erzählte sie nicht. dieses geheimnis wollte sie für sich behalten. piroska hörte besorgt zu. sie wusste ganz genau, welches gewicht diese informationen hatten, und wie wichtig es war, dass außer ihr und dem teddybären wirklich niemand davon erfuhr. sie sah anikó mit einem ernsten blick an und versuchte so sanft zu sprechen, wie sie nur konnte. *mein schatz, es ist alles in ordnung und dir wird nichts passieren. aber du musst verstehen, dass du deine freunde schützen musst. mit mir kannst du jederzeit darüber reden, dein teddybär, dieser tratschonkel, hat es mir ja schon erzählt. aber ver-*

suchen wir mit aller kraft, diese geschichte unter uns dreien zu behalten, in ordnung?, fragte piroska. anikó nickte und fiel ihr in die arme. jemand klopfte an piroskas türe und sie blickte mit einem mal besorgt auf das schlüsselloch. sie hievte sich vom bett hoch, ihr bauch war fürchterlich schwer und ihr rücken schmerzte. sie machte auf. die schutzfrau stand im vorzimmer. *verzeihen sie mir, ich wollte nicht so reinplatzen, aber die eingangstür war offen*, erklärte sie. *ich dachte mir, ich komme lieber selbst herein, bevor sie mit diesem großen bauch das lange vorzimmer entlang gehen müssen, genossin*. piroska bekam eine gänsehaut. die schutzfrau war der letzte mensch, der anikós geheimnis hören sollte. sie schickte das mädchen aus dem zimmer, trug ihr auf, die eingangstür gut zuzusperren, und ließ die frau herein. anikó tat, was sie von ihr verlangte. dann blickte sie auf den silbernen knopf in ihrer hand, steckte ihn in die hosentasche und lief in das große zimmer.

anikós mutter kam sonntag vormittags zu frau valeria. anikó und ihre großmutter erwarteten sie schon im vorzimmer, fingen sie an der türe ab und gingen mit ihr gemeinsam aus dem haus. die drei frauen flanierten über die majakovszkij gasse richtung innenstadt. der straßenname hatte sich in den letzten hundert jahren bereits ein halbes dutzend mal geändert. mit jedem neuen regime schrieb man ihn mal auf deutsch, mal auf ungarisch. seit dem einmarsch der russen trug die gasse offiziell zwar den namen eines sowjetischen dichters, doch sogar anikó wusste, dass die menschen im judenviertel sie weiterhin nur königsgasse nannten. anikós mutter war etwas eleganter gekleidet als sonst. frau valeria hingegen war für ihre verhältnisse geradezu leger angezogen. sie trug ein hellblaues seidenkleid und darüber ein sakko, das sie aus demselben stoff hatte maßschneidern lassen. am hals trug sie eine massive goldkette, an den fingern ringe, die sie einer dissidentin aus dem haus abgekauft hatte. *ein wahnsinn*, tuschelte frau valeria mit ihrer tochter. *für eine taufe den großen saal des café gerbeaud mieten. das kann sich auch nur die frau szénási leisten,* echauffierte sie sich über die gattin eines zigeunerprímás. *schöner zufall, dass wir heute in der gegend sein werden, nicht, mein kind?*, fragte sie ihre tochter mit gewohnt durchtriebenem lächeln. anikó konnte es kaum erwarten, eine *dobostorte* zu bestellen. *hast du gehört, welche musiker sie bestellt haben?*, fragte julia. *die halbe zigeunerkapelle aus dem hotel royal soll angeblich spielen*. frau valeria zuckte mit den augenbrauen. den cimbalisten der kapelle kannte sie gut. nachdem ihr mann das land verlassen hatte, half ihr dieser nämlich – ohne das wissen seiner gattin –, über ihren beispiellosen kummer hinwegzukommen.

als die frauen das café gerbeaud betraten, setzten sie sich gar nicht erst hin. sie taten so, als wären sie noch in ein gespräch vertieft, bis frau szénási mit gekünsteltem lächeln auf sie zuging. sie wusste nur zu gut, dass sich frau valeria solch ein fest nicht entgehen lassen würde. und auch, dass sie die drei nun herein bitten müsse, obwohl sie ohne einladung gekommen waren. so spielte sie das schauspiel mit, dass die drei damen durch die reine gunst des zufalls eben an diesem vormittag in das innenstadtcafé gestolpert wären, und bot ihnen einen platz in einer hinteren ecke an.

in einer pause kam der cimbalist an ihren tisch und bat frau valeria eine *nóta* zu singen. ihre stimme war berühmt unter den roma. keine konnte eine solche tragik in ein zigeunerlied legen wie frau valeria aus dem *gózsdu udvar*. warum ihre großmutter nicht sängerin geworden war, hatte anikó nie verstanden. erst viel später würde frau valeria ihr erzählen, was von einer romni, einer mutter von vier kindern, erwartet wurde und dass eine sängerin oder schauspielerin damals stets verdächtigt wurde, dasselbe verkehrte leben zu leben wie frau cica. kaum hatte frau valeria die nóta zu ende gesungen, ertönte ein begeisterungssturm. gleich hatte sich eine menschentraube um frau valeria gebildet. doch so sehr die leute auch baten und drängten, frau valeria sang auch heute so wie immer nur ein einziges lied.

am frühen nachmittag ging valeria mit ihrer enkelin nach hause. von julia verabschiedeten sie sich auf der ringstraße und sahen ihr hinterher, als sie zur haltestelle des trolleybusses richtung madách tér eilte. valeria stolzierte mit ihrer enkelin an der hand heimwärts und hob ihr kinn noch ein stück höher als sonst. einige meter von ihrem haustor entfernt, blieb sie mit einem mal stehen. die schutzfrau stand in ihrem ballonmantel auf der anderen straßenseite. neben ihr zwei männer. sie erinnerte sich daran, dass piroska sie gewarnt hatte, die schutzfrau könnte von den plänen der puklers gehört haben. *ich kenne diesen mann*, sagte anikó, als sie das feuermal über seinem auge erkannte. *er hat damals die frau rigó mitgenommen, ich habe es gesehen,* erklärte sie ihrer großmutter. valeria beugte sich zu anikó hinunter. die stimme der sonst so starken frau zitterte. *anikó!*, flüsterte sie, *pass jetzt gut auf, was ich sage, hörst du? lauf sofort hinauf und klopf ganz fest an die tür von herrn pukler. sag ihm, frau valeria hat gesagt, dass sie sofort losgehen sollen.* anikó verstand den ernst der lage. sie nickte und ließ die hand ihrer großmutter los. sie schwitzte. *lauf, mein kind!*, sagte valeria ernst, setzte ein lächeln auf und ging sogleich gekünstelt kommod auf die gegenüberliegende straßenseite. *ah, frau genossin! immer schön, sie bei uns in der majakovszkij gasse zu sehen*, rief sie der schutzfrau von weitem entgegen und verwickelte sie und die zwei unbekannten in ein gespräch.

anikó sprang über die hohen stufen. sie lief geradewegs den gang entlang und hechelte, als sie an die tür der familie pukler klopfte. niemand machte auf. schweiß stand auf ihrer stirn. sie klopfte ein zweites mal, jetzt noch stärker. *was willst du schon wieder hier?*, schnauzte tamás sie an. anikó beachtete ihn gar nicht. *sag deinen eltern, frau valeria hat gesagt, ihr müsst sofort losgehen. zwei männer im ballonmantel stehen vor dem tor, hörst du?*, erklärte sie aufgebracht. tamás riss die augen auf, einen moment lang stockte ihm der atem, dann drehte er sich um und lief in die wohnung. *papa! mama! sie kommen uns holen, wir müssen gehen!*, hörte sie ihn rufen. innerhalb weniger augenblicke lief die ganze familie mit vier gepackten koffern aus der wohnung und die stufen hinunter in den keller. anikó lief ihnen hinterher. herr pukler schloss die kellertür auf. aus dem hof hörte man schritte und frau valerias laute stimme. familie pukler eilte durch den tunnel. andrea sah zurück und wollte sich von anikó verabschieden, doch ihre mutter zog sie weiter. tamás war gerade dabei, die türe hinter den kabeln und rohren zu schließen. dann zögerte er und gab anikó einen kuss auf die wange. *köszönöm!*, bedankte er sich. anikó griff in ihre hosentasche und warf ihm den knopf hinterher, den sie vom teddybären gerissen hatte. tamás hob ihn auf, schloss die tür von innen und lief. anikó setzte sich auf den kalten boden. sie traute sich nicht hinaufzugehen. waren die schutzfrau und die männer noch im haus? ging es ihrer großmutter wohl gut? hatte es die familie pukler zum donauufer geschafft? sie weinte ganz leise. erst stunden später kam sie wieder aus dem keller.

in frau valerias wohnung war an diesem vormittag großes getümmel. alle drängten sich um das badezimmer, um sich für die feierlichkeiten herzurichten. ein neugeborenes weinte im dritten zimmer. anikó eilte zum kinderbett und nahm ihre tochter in den arm. *ist ja gut, pirike*, flüsterte sie und gab ihr die brust. ihr kind trug den namen der früheren untermieterin. piroska war vor jahren mit ihrem sohn aus der wohnung im gózsdu hof nach wien geflüchtet und arbeitete jetzt dort als putzfrau. in ihren briefen schrieb sie anikó, dass sie bei einer alten jüdischen ungarin und ihrem sohn in der wollzeile, in der wiener innenstadt, arbeit gefunden hätte. der goldene davidstern an ihrer halskette, den sie vor ihrer flucht als geschenk von frau valeria bekommen hatte, war bei der arbeitssuche wohl hilfreich gewesen.

frau cica wohnte auch nicht mehr in der großbürgerlichen wohnung. sie hatte ein los für eine plattenbauwohnung in óbuda bekommen und war mit ihrer schwester dorthin übersiedelt. manchmal kam sie auf einen kaffee zu besuch und erkundigte sich bei frau valeria über den neuesten tratsch.

anikós großmutter betrat das dritte zimmer. sie lächelte stolz und strich der kleinen piri über die feinen, schwarzen haare. ihre hand war etwas zittrig geworden, ihre lachfalten etwas tiefer. *gib sie mir und geh nur, mein kind. wir müssen in einer halben stunde im gerbeaud sein*, mahnte sie anikó. valeria hatte zwar nicht den großen saal für den einundzwanzigsten geburtstag ihrer enkelin mieten können, aber für einen großen tisch im café reichte das geld immer noch. es läutete an der tür und anikós mann machte auf. sie trat ins vorzimmer. géza stand mit einem paket vor ihr. *alle jahre wieder*, lächtelte er und überreichte seiner frau die schachtel. schon das dritte jahr bekam sie um ihren geburtstag herum ein paket aus den vereinigten staaten. *JAKOB JEDERMAN* stand da wie immer als absender auf dem paket. anikó hatte erst letztens piroska geschrieben, dass sie wohl auch dieses jahr wieder post aus amerika bekommen würde. anikó hatte insgeheim gehofft, dass piroska durch ihre kontakte auf der anderen seite des eisernen vorhangs herausfinden könnte, wer hinter den paketen steckte. sie hatte so ein gefühl, von wem sie kommen könnten, aber sicher war sie nicht. sie öffnete das paket, nahm den kaugummi und die schokolade heraus und staunte über die levi's jeans. auf einen brief oder eine karte hatte sie auch diesmal vergeblich gehofft. wäre jemals herausgekommen, dass anikó und ihre großmutter der familie pukler damals zur flucht verholfen hatten, wenn auch nur durch ein unschuldiges schreiben, hätte man sie wohl dorthin gebracht, woher frau rigó niemals zurückgekehrt war. enttäuscht blickte anikó in den leeren karton. dann stockte sie, griff wieder hinein und lachte. *du hast gerade ein paar original amerikanische levi's jeans bekommen, und du freust dich mehr über ein kleines stückchen metall?*, fragte géza und blickte auf den knopf in ihrer hand. frau valeria stand mit dem kind am arm im türrahmen des dritten zimmers und sah ihre enkelin fragend an. anikó lächelte nur und nickte. *gehen wir! wir müssen los*, sagte sie. sie zogen ihre mäntel an und verließen die wohnung. anikó drückte den lichtschalter im vorzimmer. der kristallluster flackerte kurz auf, bevor er ausging. *ein teurer elektriker, dieser pukler,* dachte anikó.

der goldhändler

das goldene haustor neben dem taschengeschäft in der wollzeile 35 fiel mit einem knall ins schloss. im haus war es kalt. ein junger mann im ballonmantel und eine rundliche dame mit hütchen stiegen die treppe in den ersten stock hinauf und läuteten an einer tür. der mann hielt seinen hut in der hand und strich sich nervös die haare nach hinten. seine großtante neben ihm wartete unbeeindruckt, bis eine krächzende stimme hinter der tür zu hören war. *wer ist da? was wollen sie?* die dame mit hütchen presste ihre handtasche enger an ihren dünnen pelzmantel. *küss die hand, frau sara, ich bin's, balogh józsef. ich habe ein treffen mit dem herrn sohn.* in der wohnungstür ging eine klappe auf, und eine alte frau drückte ihr bleiches gesicht an das kleine fensterl in der tür. als sie den mann erkannte, änderte sich ihr gesichtsausdruck. ihre stimme wurde weicher und sie lächelte: *ach sie sind es? sie sind ein schöner junge.* die tür ging auf und die alte, die aussah, als würde sie auf die neunzig zugehen, bat die beiden herein. ohne ihre mäntel abzulegen schritten józsef balogh und seine großtante ins wohnzimmer. vom löchrigen parkett bis zum wasserschaden am plafond ragten die wände der dunklen wohnung vier meter in die höhe. acht siebenarmige menoras und zwei channukaleuchter aus bronze funkelten in der vitrine im wohnzimmer, als stünden sie in der auslage eines geschäftslokals. es roch modrig wie in einem keller.

die alte frau stellte einen teller mit einigen schaumbusserln auf den tisch. *die habe ich selbst gebacken*, sagte sie stolz. *vor der sechsundfünfziger revolution hatte ich in ungarn eine konditorei, wissen sie. greifen sie nur zu, junger mann.* józsis großtante beobachtete gerade aus dem augenwinkel, wie eine schabe die staubige bodenleiste entlang in die küche lief. *vielen dank, wir kommen gerade aus dem kaffeehaus*, sagte sie eilig, noch bevor ihr neffe antworten konnte. frau sara blickte lächelnd auf józsis großtante und dann auf ihn. *hübsche gattin haben sie. kommen sie, ich bringe sie beide nach hinten. LEO!*, schrie sie dann, *LEO! kundschaft ist da!* józsi und seine großtante sahen einander belustigt an und folgten der alten.

in der mitte des hinteren zimmers trennte ein vergilbter vorhang den raum. ein mittelgroßer mann im kamelhaarmantel mit schütterem haar und breiten brillengläsern kam dahinter hervor, begrüßte józsi und seine großtante und bat sie hinter den vorhang. *so, mein lieber römischer freund, wie kann ich ihnen helfen?*, witzelte herr leo und lachte leise. *wir würden gerne eine kette für meine schwester und ein dupont feuerzeug für meinen vater kaufen.* bevor herr leo antworten konnte, ging der vorhang auf und seine mutter krächzte: *möchten sie meine schaumbusserln kosten? wissen sie, vor dreißig jahren, als wir noch in ungarn gelebt haben…* herr leo unterbrach sie: *frau mama, ich bitte sie, ich mache hier doch gerade geschäfte!* er versuchte, sie wieder hinauszudrängen. *geschäfte? du machst geschäfte wie ein mazzesverkäufer im vatikan.* leo schloss die tür und zog den vorhang vor. *also, eine kette*, sagte er, griff in eine kiste, zog eine handvoll goldketten heraus, wie ein marktverkäufer eingelegtes kraut, und legte sie auf den tisch. *nu? nu? ist hier eine dabei, die ihnen gefällt?*, fuchtelte er mit der rechten hand über den goldhaufen. die frau weitete verwundert und etwas erschrocken ihre augen. *na ja, wissen sie, herr leo, ich suche eher eine filigranere kette, vielleicht mit einem kreuz als anhänger*, erklärte ihr neffe. *aha! den trapezkünstler… keine sorge, vom gekreuzigten haben wir ganz viele*, sagte herr leo, griff in eine seiner innentaschen und zog ein dutzend ketten hervor. *nu? welche soll es werden?* józsi sah sich die ketten an und zögerte. *ich verstehe*, sagte herr leo ungeduldig, *ich mache gerne geschäfte mit ihren leuten. ihr seid wählerisch. ihr indianer seid uns gar nicht so unähnlich*, sagte er. józsi wusste nicht, ob er das als kompliment oder beleidigung auffassen sollte. niemals hätte ihn herr leo einen zigeuner geschimpft, aber einschätzen konnte er seine worte auch nie ganz genau. *na gut, warten sie*, sagte der goldhändler, machte einen schritt hinter die beiden und zog eine kleine schatulle hervor, in der drei ketten mit kreuzanhängern lagen. józsi und seine großtante blickten sich aus den augenwinkeln an, ohne den kopf zu bewegen. *ich sehe schon. welche darf es sein?* józsi zeigte auf die mittlere kette. herr leo zog sie heraus und ließ sie in ein stoffsäckchen gleiten. *und das feuerzeug?*, fragte die tante. herr leo nickte, griff in eine schublade und ließ eine handvoll gold-, weißgold- und silberduponts vorsichtig auf ein abgegriffenes samttablett auf dem tisch gleiten. józsi suchte sich eines aus und herr leo steckte es ins tascherl. *günstiger als wie hier bekommen sie es in ganz wien nicht, mein lieber freund*. józsi handelte noch ein bisschen, nicht weil der preis nicht stimmte, sondern weil es sich einfach gehörte. sie einigten sich und er legte eintausend schilling auf den tisch. beim juwelier ums eck hätte er das doppelte gezahlt. herr leo steckte das geld ein und begleitete die beiden hinaus. *a meschuggener mensch, wissen sie. der wird immer von der kundschaft übers ohr gehauen*, sagte die dame des hauses, als die beiden schon im vorzimmer standen. *frau mama, ich bitte sie, hören sie doch auf*, versuchte herr leo, seine mutter zum schweigen zu bringen, während er gleichzeitig seine kunden richtung ausgang geleitete. *wenn mein sohn gewand verkaufen würde*, schrie die alte, *dann würden die menschen bei seinem glück nur mehr nackig auf die straße gehen*. herr leo scheuchte józsi und seine großtante auf den gang, ging selbst hinaus und machte erleichtert die tür hinter sich zu. die stimme seiner mutter klang nur mehr dumpf und unverständlich nach draußen. herr leo beugte sich nah an józsis rechtes ohr und flüsterte ihm zu, dass er doch am wochenende wieder vorbeischauen solle. er hätte ein geschäft für ihn, das ihn interessieren könnte. der junge mann nickte. nachdem sie sich verabschiedet hatten, griff herr leo noch in eine seiner innentaschen, zog einen kleinen silbernen marienanhänger heraus und überreichte ihn der großtante. *auch ein getaufter jid braucht seine mame. was würde ich nur ohne meine machen*, sagte er nüchtern, drehte der verwirrten frau den rücken zu und ging in die wohnung zurück.

noch am freitag machte sich józsi nach seiner letzten vorlesung zu mittag wieder auf in die wollzeile. dass er mit einem sondervisum in wien klarinette studieren durfte, zeigte wohl, dass der gulaschkommunismus der achtzigerjahre am brodeln war. viele ungarn bekamen nicht einmal ein dreitagesvisum, während er unbeschwert im ausland leben konnte. als pfand blieb seine familie unter visasperre in budapest zurück. sehen konnten sie sich nicht. nur einmal die woche telefonierten sie eine halbe stunde. józsis vater verdiente gut als zigeunerprímás in einem der besten cafés in budapest und schickte seinem sohn monatlich geld nach wien. und wenn józsi bei gelegenheitsauftritten mit der klarinette etwas geld verdiente, führte ihn sein erster weg stets zu herrn leo, der gestohlene goldwaren sehr günstig zu verkaufen wusste. józsis großtante war, wie hunderte ungarische roma, während der revolution sechsundfünfzig nach wien geflüchtet. in ihrer kleinen garçonnière in der vorstadt, in der sie mit ihrem mann und ihrer tochter aleksandra lebte, war für józsi kein platz. er wohnte hinter dem gürtel in einem studentenwohnheim. der weg in die wollzeile führte ihn über dutzende baustellen. zwischen den ohrenbetäubenden geräuschen der presslufthämmer und abrissbirnen hörte man hier und da einen fluch und eine klage auf türkisch, serbisch, romanes oder gastarbeiterdeutsch. auch manch ein ungarnflüchtling fand sich unter den bauarbeitern. der wirtschaftsaufschwung hatte die stadt in eine staubwolke gehüllt. als er den stubenring überquerte, musste józsi husten. es fühlte sich an, als hätte sich der ganze schutt des u-bahnbaus in seine lungen gelegt. er schnappte nach luft, bog in die wollzeile ein, ging am kabarett simpl vorbei, wechselte die straßenseite und läutete neben dem goldenen tor an der gegensprechanlage. man ließ ihn ein. er eilte die stufen hoch, läutete an der tür des goldhändlers und wartete darauf, dass frau sara mit einem auge durch das fensterl an der tür spähte. józsi grüßte sie höflich. *sie sind es?*, sagte sie wie immer, *so ein netter junge*, und öffnete die tür. sie bat ihn, sich zu setzen und auf herrn leo zu warten. diesmal konnte er die frisch gebackenen busserl, die auf dem teller vor ihm standen, nicht mehr ablehnen. eine putzfrau war im wohnzimmer ernsthaft bemüht, den verklebten schmutz von der kredenz zu wischen. ihr sandbraunes gesicht erinnerte józsi an seine mutter. er lächelte, doch sie beachtete ihn kaum. zu angestrengt rieb sie mit ihrem putzfetzen über das holz. der davidstern an ihrer halskette pendelte dabei vor ihrem busen. józsi nahm das schaumbusserl in die hand, blickte zu frau sara, die ihn erwartungsvoll anlächelte, und dann wieder auf das busserl. er nahm all seinen mut zusammen, biss ein fingernagelkleines stück ab und schaute frau sara überrascht an. das schaumbusserl schmeckte weich und köstlich, beinahe besser als die seiner eigenen großmutter. *nu? schmeckt gut, nicht? habe ich ihnen nicht gesagt, dass ich eine konditorei hatte in ungarn? als wir geflüchtet sind im sechsundfünfziger jahr, da habe ich alles stehen und liegen lassen. sogar den eierschaum im spritzbeutel.* ihr mann sei unter den aufständischen gewesen. vor dem corvin kino hätten sie ihn erschossen, die kommunisten, erklärte sie. ihr sohn war damals acht jahre alt. sie kamen mit einem schlepper nach wien. am anfang arbeitete sie als putzfrau im café prückel in der innenstadt. dort lernte sie viele exiljuden kennen, die ihr halfen, auf die beine zu kommen. die wohnung in der wollzeile gehörte ihrem zweiten mann, einem pester juden, der auschwitz überlebt hatte. seine ganze familie war von den nazis ermordet worden. er kam als dissident nach wien und änderte seinen namen von bernsteyn auf berger. für die drei neuen buchstaben hatte er ein vermögen bezahlt. so machte er gute geschäfte und kaufte die wohnung in der innenstadt. er selbst hätte keine kinder gehabt, erzählte frau sara. deshalb hätte er leo stets als seinen eigenen sohn angesehen. er starb bereits in den siebziger jahren an einer lungenembolie. *eine nachwirkung der zwangsarbeit, erklärten die ärzte.* frau sara hatte sich mit ihrem vater in den wäldern neben győr vor den nazis versteckt und so die kriegsjahre überlebt. *zuerst wollten mich die faschisten umbringen, dann die pfeilkreuzler und am ende die bolschewiken. es ist halt nicht leicht, ein jud zu sein, wissen sie. aber was brauch ich ihnen das erzählen*, frau sara schüttelte den kopf. *ihren leuten wird ja schließlich auch nicht die gänseleber vom schani zum frühstück serviert, nicht?* józsi nickte. die einzelheiten von frau saras monolog hatten ihn überfordert. erleichtert sprang er von seinem sessel auf, als herr leo zur tür hereinkam. *ah, der herr künstler! freut mich, dass sie gekommen sind, mein freund,* sagte er. *kommen sie mit in mein büro!* er führte józsi hinter den vorhang und sie setzten sich. leos stimme wurde mit einem mal ganz geheimnisvoll. er flüsterte: *also, józsikám, es geht um folgendes: in drei tagen kommt eine große goldlieferung bei einem gewissen herrn tutu in triest an. ein guter freund von mir hat in seiner werkstatt die karosserie von meinem mercedes so präpariert, dass alle vier türen hohlräume haben. diese hohlräume werden wir in triest mit facongold füllen.* er kam ein stück näher, stockte kurz und sagte dann noch leiser: *hier kommen sie ins spiel, józsikám. die russkis brauchen gold. für eine neue sputnikrakete, oder vielleicht auch nur für den stuck in der sommerresidenz von brežnjev, weiß der teifl. tut auch nichts zur sache. die russkis brauchen gold, und wir geben es ihnen.* józsi hatte bis jetzt aufmerksam zugehört, doch er verstand nicht, was der goldhändler von ihm wollte. *herr leo, bei allem respekt, erlauben sie mir die frage. was spiele ich in ihrem plan für eine rolle?* leo senkte den kopf, zog die mundwinkel hoch, kniff die augen leicht zusammen und lächelte. *sie, mein lieber herr kollege, sie haben die große ehre, in diesem einakter den chauffeur spielen zu dürfen. sie fahren mit meinem wagen nach triest, holen das gold von herrn tutu, schmuggeln die ware über die italienische grenze, vorbei am zoll, und bringen das auto zurück nach wien.* józsi hörte dem goldhändler konzentriert zu. *mein großcousin efraim,* sprach herr leo weiter, *schickt aus ungarn regelmäßig schmuggler zu mir, und die bringen die ware dann stück für stück zu den bolschewiken. und für sie springt ein guter anteil am gewinn heraus. nu? was sagen sie dazu?*, fragte leo. in diesem moment hörten die beiden hinter dem vorhang einen dumpfen knall. etwas war zu boden gefallen. herr leo sprang auf, schlug beide hände auf den mund, rang nach luft und wisperte erschrocken: *die hat alles gehört!* józsi blickte zum vorhang und hörte in der stille, wie die putzfrau den staub von den regalen wischte. *ALSO*, rief herr leo plötzlich mit übertrieben lauter stimme, *WIE ICH BEREITS SAGTE. DIE WARE IST GEKAUFT, NICHT GESCHMUGGELT! WIR BRINGEN SIE ÜBER DIE GRENZE UND BEZAHLEN DEN VOLLSTÄNDIGEN ZOLL!* józsi lächelte über den vertuschungsversuch des goldhändlers. die zimmertür fiel mit lautem knall zu, so als hätte die frau sie mit absicht zugeschlagen. herr leo lugte vorsichtig hinter dem vorhang hervor. der raum war leer. erleichtert sank er in den lehnsessel zurück. *sie ist weg,* sagte er, als hätte er die sache damit vollständig bereinigt. józsi sagte nichts. *also, mein freund? was halten sie von dem plan?* józsi setzte sich auf. *na ja, da gibt es zwei haken, herr leo. erstens besitze ich keinen führerschein. und zweitens, und das ist wohl der größere knackpunkt, wäre da noch mein studentenvisum, mit dem ich nicht einfach so die grenze passieren kann.* leo kniff verärgert die augen zusammen und seufzte laut. *aber was würden sie von meinem jugoslawischen onkel halten? der ist kein schlechter fahrer, und den richtigen pass hat er auch,* zwinkerte józsi. leos gesichtsausdruck änderte sich schlagartig. er wollte józsi die hand reichen, doch der verweigerte. *zuerst muss ich ihn fragen, herr leo. spätestens am montag gebe ich ihnen bescheid.* herr leo stimmte zu, lobte ihn für seine klugheit und begleitete józsi zur tür. leo ging vor, er hinter ihm her. im wohnzimmer spürte józsi auf einmal eine hand auf dem oberarm, die ihn fest umklammerte. *vorsicht! bibast, mro chavo!*, flüsterte ihm die putzfrau in der sprache seiner vorfahren zu, es bringe unglück, das angebot des goldhändlers anzunehmen. rasch ließ sie ihn los und war im nebenzimmer verschwunden, noch bevor józsi begreifen konnte, dass die jüdische putzfrau ihn wohl nicht grundlos an seine mutter erinnerte. *ein busserl für den weg!*, sagte frau sara in der tür und drückte józsi ein packerl zeitungspapier, dick gefüllt mit schaumbusserln, in die hand. *ein hübscher junge,* murmelte die alte, als die tür hinter józsi zufiel. im stiegenhaus war es still. benebelt lief er die treppe hinunter und machte sich auf den weg in die vorstadt.

józsis großtante lili wohnte fast direkt am gürtel. für eine wohnung in einem innenbezirk hatte das geld nicht gereicht, damals im zweiundsiebziger jahr. als sie den mietvertrag mit ihrem mann mile unterschrieben hatte, war ihre tochter gerade in die volksschule gekommen. jetzt lebten sie schon seit zehn jahren in ihrer zimmer-küche-wohnung in der märzstraße 9. *JÓZSI!*, rief eine junge stimme von hinten. er drehte sich um und sah zu, wie eine junge frau mit einer ledertasche auf der schulter über den gürtel lief. mit schwung fiel sie ihm um den hals. *servus, saška!*, begrüßte józsi seine kleine großcousine. aleksandra kam gerade von der schule nach hause und strahlte, als sie józsi sah. die beiden gingen die stufen hinauf. im dritten stock musste józsi schnaufen. aleksandras mutter öffnete die tür, begrüßte ihren großneffen und ließ die beiden herein. ihr mann mile saß am küchentisch und rauchte. er trug noch sein arbeitsgewand. *ćao, mein sohn!*, sagte der mann auf ungarisch. sein akzent aus der wojwodina war sympathisch. in der tischlerei konnte er sich mühelos mit seinen ungarischen, jugoslawischen und rumänischen gastarbeiterkollegen allesamt in ihren muttersprachen unterhalten. nur mit den österreichischen chefitäten hatte er noch manchmal verständigungsschwierigkeiten. wenn es probleme am meldeamt gab, oder im spital, musste stets die tochter als dolmetscherin einspringen. *wie geht es dir? was tut sich, mein junge?*, fragte tante lili. *gut, gut*, sagte józsi nervös. er wusste nicht, wie lili und mile auf herrn leos plan reagieren würden. wenn seine mutter davon erfahren sollte, dass ihr studierter sohn, der stolz der familie, krumme geschäfte machte, würde man sie wohl mit einem hysterischen anfall auf den hárshegy in budapest einweisen. *ich komme gerade aus der wollzeile von herrn leo*, sagte er. schon nach diesem ersten satz blickte ihn seine großtante verwundert an und zog die augenbrauen hoch. ungefragt stellte sie ihm eine tasse milchkaffee auf den tisch. er bedankte sich. *was suchst du denn schon wieder bei diesem briganten, józsi?*, fragte lili vorwurfsvoll. *na ja*, sagte er und trank einen großen schluck kaffee, *es gibt da ein husarenstück. einen coup, aus dem wir vielleicht richtig kapital schlagen könnten…* lili atmete tief ein, stemmte eine hand in die hüfte und wollte ihn schon unterbrechen. *lass mich ausreden, tante!*, hob józsi seine stimme. onkel mile nahm tiefe lungenzüge aus seiner zigarette und äscherte ab, ohne den blick von józsi abzuwenden. aleksandra saß nur da und konnte nicht glauben, was da vor sich ging. *der goldhändler bekommt in drei tagen eine goldlieferung nach triest. er braucht jemanden, der mit seinem präparierten mercedes dort hinfährt, das auto mit dem gold befüllt und dann über die grenze zurück nach wien bringt*, erklärte józsi leise. *wie viel zahlt er?*, fragte mile. seine frau schlug ihm auf den hinterkopf. *sicher nicht!*, sagte sie bestimmt, *denk nicht mal dran!* mile sprang auf. *dušo moja!*, flüsterte er ihr ins ohr. *überlegen wir uns das doch mal! da könnte es um viel geld gehen! damit könnten wir vielleicht eine genossenschaftswohnung anzahlen*, versuchte er sie auf serbisch zu überzeugen. józsi verstand ihn nicht. nur das wort *genossenschaftswohnung* sprach er mit starkem akzent auf deutsch aus, und józsi begriff, worum es ging. mile wusste noch nicht einmal, wie viel ihm die sache einbringen könnte, doch im kopf hatte er alles schon bis zum letzten groschen ausgegeben. *ich glaube, wir haben nicht viel zeit zum überlegen*, sagte józsi. *wenn du es nicht machst, findet der goldhändler sicher einen anderen*. mile setzte sich, nahm einen zug von seiner zigarette. lili riss sie ihm aus der hand und rauchte den letzten zug. sie dämpfte den stummel wütend im aschenbecher aus, schüttelte den kopf und sah józsi an, als wollte sie ihn ohrfeigen. ihr neffe grinste verlegen.

die letzten scheiben kümmelbraten lagen im schmalz auf einer platte mit rosenmuster. józsi war schon längst satt, doch beim sonntagsessen in der märzstraße nahm er sich fast immer einen nachschlag. sonntags kochte immer onkel mile. meistens ein gutes fleisch mit proja als beilage. józsi tunkte das maisgebäck ins bratenschmalz, legte die knusprig gebackene haut darauf und spülte den letzten bissen mit einem schluck weißwein hinunter. aleksandra sammelte eilig die teller ein und stellte sich hinter die abwasch. *lieber alles gleich abwaschen*, sagte sie, als józsi ihre tatkraft mit vollem bauch bestaunte.

nach dem essen lief *rocky balboa* auf dem kleinen braunen röhrenfernseher, der in der küche stand. trotz der lautstärke schien niemand wirklich aufmerksam zuzuschauen. sie unterhielten sich. einen amerikanischen film nur im hintergrund laufen zu lassen, während der rest der familie hinter dem eisernen vorhang nicht einmal wissen durfte, wer sylvester stallone überhaupt ist, löste immer wieder ein seltsames gefühl in józsi aus. aleksandra, die einzige, die den film wohl vom anfang bis zum ende verstanden hätte, schrieb am küchentisch neben dem fernseher eilig ihre hausaufgaben. sie ließ sich nicht stören. nicht vom lärm und auch nicht vom zigarettenrauch, den ihr vater pausenlos in den raum blies. sie wollte heute abend noch zu ihrem freund karli, von dem außer józsi niemand wissen durfte. für ihre eltern war sie dann bei ihrer schulfreundin carla. *mein junge*, sagte mile und kratzte sich mit einem zahnstocher fleischreste aus den zähnen, *ich habe nochmal mit deiner tante gesprochen. nimm mich mit zu diesem goldhändler! ich will ihn mir ansehen und ihm ein paar fragen stellen*, sagte er und blickte dann zu seiner frau. lili sah ihn schon seit stunden nicht mehr an und hob auch jetzt nicht den blick. józsi ging zum telefon, das neben dem kühlschrank an der wand hing, wählte die nummer von herrn leo und verabredete sich für den nächsten tag mit ihm. als er auflegte, durchbohrte ihn tante lillis blick. sie stand auf, sagte kein wort, verließ demonstrativ die küche und machte die zimmertür zu. zum ersten mal, seit józsi in wien wohnte, verabschiedete sie sich nicht von ihrem neffen, als er ihre wohnung verließ.

im café europa in der innenstadt saß józsi vor einem weißen spritzer, als seine großtante mit ihrem mann bei der tür hereinkam. sie legten ihre mäntel ab, begrüßten ihn und setzten sich. der blick der tante war schon etwas milder als am vortag, aber die gewohnte geborgenheit verspürte józsi noch immer nicht. der goldhändler saß am nebentisch und schloss gerade ein geschäft mit einem elegant gekleideten ungarn ab. *ich habe leider nur diese ringe*, sagte er, und zeigte auf den haufen, den der mann auf dem weißen tischtuch unzufrieden begutachtete. *na gut, also, es gäbe da noch diese*, sagte herr leo, als würde er dem mann einen gefallen tun, griff in eine seiner innentaschen und zog sechs weitere goldringe heraus. *aber mehr habe ich wirklich nicht.* der mann prüfte jeden einzelnen, schüttelte den kopf und wollte schon aufstehen. *warten sie, warten sie, mein freund!*, sagte herr leo, zog aus einer anderen manteltasche ein säckchen und leerte den inhalt in seine eigene hand. *nu? nu? was halten sie von denen?* der mann nahm einen der ringe in die hand, lächelte und nickte. über den preis flüsterten sie so leise, dass józsi nicht hören konnte, wie viel der kunde herrn leo unter dem kleinen kaffeehaustisch zusteckte. der goldhändler schaufelte das gold vom tisch in seine linke handfläche, als wären es brösel und steckte sie in seine manteltsche. erst jetzt drehte er sich um, stellte seine melange auf den nebentisch und begrüßte józsi. *leo berger, das ist miodrag mitrović. meine großtante kennen sie ja bereits*, stellte józsi sie einander vor, während alle einander die hände schüttelten und sich gegenseitig musterten. *also, wie gefällt ihnen mein angebot?*, fragte herr leo erwartungsvoll. mile lächelte etwas arrogant. *bisher weiß ich nur von ihrem plan, herr leo. ein angebot haben sie mir noch nicht gemacht*, sagte er. *natürlich, natürlich. ich gebe ihnen zehntausend schilling. das ist ein sehr guter anteil, mein freund. sind sie damit zufrieden?*, flüsterte der goldhändler. mile lächelte und schüttelte den kopf. *mehr kann ich ihnen nicht geben*, herr leo stockte. *na gut, also, fünfzehntausend. höher kann ich nun wirklich nicht gehen. sonst mache ich am ende noch ein verlustgeschäft, sie verstehen.* mile zündete sich genüsslich eine zigarette an und schüttelte wieder den kopf. *wissen sie, was für ein verlustgeschäft ich mache, wenn ihr plan in die hose geht und ich in der rossauer lände hinter ein paar schön verzierten eisenstangen meine nächsten jahre verbringe?*

tun wir nicht so, als wäre das kein riskantes unterfangen, sagte er. der goldhändler nickte verlegen. *na gut, na gut. dann sagen sie mir, was sie sich vorstellen*, sagte herr leo, und rieb sich nervös den schweiß von seinen händen in seine hose. *ich möchte kein geld*, sagte mile, *ich hätte gerne einen teil vom gold*. józsi und lili sahen abwechselnd herrn leo und mile an. herr leo antwortete nicht. er überlegte. man konnte beinahe beobachten, wie er die zahlen, die groschen und golddukaten in seinem kopf abwog. was würde wohl seine mutter zu diesem geschäft sagen. *was wollen sie?*, fragte er, fast schon im tonfall von frau sara. mile nahm einen tiefen zug und sagte mit rauch in der lunge: *fünf deka*. herr leo lachte laut. *wo sind wir denn hier, beim metzger? womit handeln wir, klobassen oder debreziner?* mile versuchte, keine miene zu verziehen. *also gut*, sagte der goldhändler. *sie wollen fünf deka, dann gebe ich ihnen fünfzig gramm. wissen sie, ich schätze sie und ihre leute. ihr römischen seid uns gar nicht so unähnlich*. mile lächelte und sagte nichts. er musste an seine jüdische großmutter denken, die im lager in jasenovac jenen rom kennengelernt hatte, der später miles großvater werden sollte. er schüttelte herrn leos hand. beide waren sich sicher, dass sie den anderen überlistet hatten. *wann fahre ich los?*, fragte mile. *noch heute um mitternacht*, sagte leo, griff in seine innentasche und drückte józsis großtante zwei dicke goldketten in die hand. *eine avance*, sagte er, kritzelte etwas auf eine serviette, überreichte sie mile und stand auf. eine adresse stand darauf, darüber der name einer autowerkstatt. mile nickte. sie verabschiedeten sich und herr leo verließ das lokal.

fünfzig gramm gold!, jubelte mile im flüsterton, als sie den ring überquerten. *fünfzig gramm! weißt du, wie viel das wert ist, dušo moja?*, fragte er seine frau. *siebzehn-, vielleicht achtzehntausend schilling! das sind zwei monatslöhne*. lili versuchte zu verbergen, wie aufgeregt und glücklich sie über soviel geld wäre. nervös griff sie immer wieder in ihre manteltasche, um zu überprüfen, ob die goldketten noch da waren. mile blieb stehen. józsi spürte auf einmal eine hand auf dem oberarm, die ihn fest umklammerte. er musste an die putzfrau in der wohnung des goldhändlers denken. mile küsste ihn fest auf die stirn. *gott segne dich, mein junge!*, sagte er zu seinem neffen. józsi blickte wortlos ins leere. die lichter der ringstraße blendeten ihn.

die straßenlaterne über ihnen flackerte. es war einige minuten nach mitternacht. mile stand mit seinem neffen vor einer verschlossenen garagentür in der vorstadt. großtante lili war mit aleksandra zu hause geblieben. mile hatte schnell eine kleine tasche gepackt, seinen pass hineingeworfen und sich von seiner familie verabschiedet. zwei dunkle gestalten bogen um die ecke. herr leo eilte mit einem dürren mann die kleine gasse entlang, grüßte die beiden von weitem und bat den fremden, den rollladen hochzuziehen. in der garage stand ein alter mercedes. *schöner wagen*, dachte józsi. in budapest würden die menschen ein vermögen dafür zahlen. herr leo öffnete die fahrertür und deutete mile einzusteigen. er überreichte ihm die papiere und einen brief mit der adresse und dem namen des goldhändlers in triest. józsi küsste ihn auf die wangen. *pass auf dich auf, onkel mile!*, sagte er. diesmal ganz ernst und besorgt. auch mile war angespannter als sonst. er machte die tür des wagens zu, legte seine tasche auf den beifahrersitz und saß nun alleine im mercedes. hatte er sich das auch gut überlegt? herr leo schlug zwei mal auf die motorhaube. *gute fahrt, mein freund. wir sehen uns in zwei tagen!*, sagte herr leo. der wagen fuhr los und flutete für einige augenblicke die kleine gasse mit licht. józsi sah seinem großonkel hinterher. der goldhändler stand neben ihm. sie sagten nichts, und trotzdem hätte man meinen können, die beiden beten zu hören. den einen zu dem, der am kreuz hängt, den anderen zu dem, dessen namen man nicht aussprechen darf.

die nachmittagssonne drängte sich in die küche. lili trank ihren dritten kaffee und rauchte das zweite päckchen zigaretten. ihr mann hätte schon vor stunden in wien eintreffen müssen. seit letzter nacht hatte sie nichts von ihm gehört. lili drückte den marienanhänger von herrn leo fest in ihrer hand. jemand klopfte. sie sprang auf, lief zur tür, aber es war nicht ihr mann. józsi trat ein und seine großtante umarmte ihn fest. *mile ist nicht nach hause gekommen. ich hab nichts von ihm gehört!*, sagte sie völlig aufgelöst. józsi stockte der atem. er wusste nicht, was er sagen sollte. *es wird schon alles gut sein, tante. ich bin mir sicher, er steht nur im stau. er wird jede minute anrufen, ich sags dir!*, versuchte er sie zu beruhigen. er spürte selbst, dass etwas nicht stimmte. *und wenn ihm doch etwas zugestoßen ist?*, fragte sie. dann hörten die beiden aus dem nebenzimmer einen dumpfen knall. etwas war zu boden gefallen. *Istina*, rief lili und griff sich auf die stirn.

auf der autobahn vor wien hörte man lautes fluchen auf serbisch. hupen. reifenquietschen. dann ein knall. die menschen waren aus den autos gestiegen und zum mercedes gelaufen. die wagentür stand offen, der fahrersitz war leer. auf dem beton lag das ganze gold, beinahe so, als wäre es aus dem auto geflossen. als der rettungswagen kam, hatten die menschen das gold bereits eingesammelt. mile lief durch wälder und verlassene straßen richtung stadt und machte kaum halt, bevor er zu hause angekommen war. in den innenstadtcafés reichten die ungarnflüchtlinge am nächsten tag die zeitungen von einem tisch zum nächsten. sie alle ahnten, dass der goldhändler wohl etwas mit dem fahrerlosen mercedes auf der titelseite zu tun haben musste, aus dessen inneren statt benzin gold ausgetreten war. die schaumbusserln von frau sara verbrannten an diesem tag im backofen. wenn man aufmerksam lauschte, konnte man hören, wie sie in der wollzeile das glück ihres sohnes beschwor und ihr sohn sie anflehte, endlich aufzuhören.

die stadt ohne uns

er schlug die bürotür zu, so fest, dass sie wieder ein stückweit aufsprang. der knall hallte in seinem kopf nach. in seinem mickrigen büro lief er jetzt schon gut ein dutzend mal auf und ab. er war so wütend, dass er gänsehaut hatte. er ballte seine fäuste, presste seine lippen fest zusammen, schlug mehrere male mit der faust auf die schreibtischplatte und flüsterte *scheißescheißescheiße.* in diesem moment ging seine kollegin aleksandra an seiner tür vorbei und lugte durch den spalt in sein büro. nach kurzem blickkontakt ging sie schnell weiter. *scheißdreck elendiger*, sagte er, holte tief luft und sank in seinen bürosessel, der schon seit dem tag quietschte, als er vor sechs jahren hier zu arbeiten begonnen hatte. johann pichler hatte sich schon lange mit dem quietschen seines bürosessels abgefunden, und er würde sich auch damit abfinden, dass wieder jemand anderer befördert wurde. er schloss die augen und öffnete sie erst wieder, als er ein klopfen an seiner tür hörte. eine gutaussehende junge frau mit dunklen locken trat ein. sie trug einen zweireihigen anzug mit großen schulterpolstern. aleksandra mitrović war einen kopf größer als johann. so wie fast alle anderen im büro. *darf ich reinkommen?*, fragte sie mit mitleidigem grinsen und leichtem akzent. *klar, klar, komm nur rein, aleks,* sagte johann, richtete sich auf und versuchte ein lächeln auf sein gesicht zu künsteln. *johnny, ich weiß, wie blöd sich das anfühlen muss. du bist länger da als ich, und ich hab von den kollegen gehört, dass du schon lange auf eine beförderung wartest. aber ich wollt dir auf jeden fall versprechen, dass ich mit dir auch weiterhin auf augenhöhe arbeiten will! ich hoffe, das weißt du.* johann schmunzelte verbissen. schon sein ganzes leben lang war die augenhöhe der anderen für ihn von oben herab gewesen. er stand auf, gab seiner kollegin die hand und sagte, *danke aleks, das weiß ich natürlich. und ich gratuliere dir nochmal von ganzem herzen. hast es echt verdient. frohe weihnachten.* aleksandra gab ihm die hand, zog ihn zu sich, drückte ihn an ihren busen und schlug ihm zweimal leicht auf den rücken. *danke, kollege. aber du weißt ja, wir sind serbisch orthodox. wir feiern erst am siebten jänner.* sie verabschiedete sich und schloss die tür hinter sich. *scheiß tschuschnweib,* flüsterte johann und schüttelte den kopf.

es war bestimmt schon sieben uhr, als johann pichler das bürogebäude des unternehmens, das reinigungstücher produzierte, verließ. *waschlappen*, wie seine mutter zu sagen pflegte. die wiener mariahilfer straße war wie jedes jahr weihnachtlich geschmückt. nach geschäftsschluss waren die mistkübel übervoll. im schneematsch lagen getränkedosen und nasse zigarettenstummel. eine frau eilte mit ihren *herzmansky*-einkaufstaschen die straße hinunter, die weihnachtseinkäufe in der einen, ihre tochter an der anderen hand. als sie vom gehsteig auf die fahrbahn stieg, stieß sie mit johann zusammen. *tschuldigung*, sagte sie schnell, richtete sich ihr weißes kopftuch und eilte weiter. *fetzenweib. woher haben die so viel geld? und warum kaufen diese scheiß-muselmanen ausgerechnet jetzt ein?*, dachte er. johann wollte einfach nur nach hause und diesen tag vergessen. an der nächsten straßenecke stand eine alte frau mit gebeugtem rücken und streckte ihren plastikbecher in die menge. johann hörte von hinten einen schrillen ton, drehte sich um und sah die 58er-straßenbahn die mariahilfer straße entlangfahren. er begann zu laufen, die frau machte einen schritt nach vorne. johann lief geradewegs in sie hinein und landete zusammen mit ihr im matsch. die menschen um ihn herum blieben stehen und blickten ihn verurteilend an. er stand auf, ließ die bettlerin am boden liegen und sah dabei zu, wie seine straßenbahn ohne ihn losfuhr. *du scheiß zigeunerweib. schleich dich heim und geh arbeiten!*, schrie er die alte an, die langsam versuchte, sich vom boden zu erheben. auch wenn sie seine sprache nicht verstand, begriff sie seine worte doch umso mehr. zu oft hatte sie sie schon gehört. *o khul te marel tji baxt! te xal tut e prikezhija!* die frau stand vorsichtig auf, spuckte auf den boden und verfluchte ihn mit worten, die er nicht verstand. *halt dein maul*, sagte johann, umkreist von einigen schaulustigen, und wischte sich den dreck vom wintermantel. *ich wünschte, ihr würdet alle verschwinden und wien wäre tschuschenrein, frei von zigeunern und muselmanen! raus hier!* johann rempelte die menschen an, die ihm den weg versperrten, und eilte weiter. den ganzen nachhauseweg über ging ihm sein wunsch nicht aus dem kopf. er malte sich aus, wie es wäre, wenn seine stadt nur aus menschen bestünde wie er. eine stadt ohne özlems und mugtabas, ohne dragans und fatimas. eine stadt, die nur aus johann pichlern bestand. ein schöner gedanke. und als er den schlüssel in seiner manteltasche klimpern hörte und sein haustor öffnete, merkte er, dass ihn diese überlegungen beruhigt hatten. er wartete nicht einmal auf den aufzug und ging mit leichten schritten die treppen hinauf.

seine mutter saß schon am esstisch und schlürfte die letzten löffel suppe aus ihrem teller. das gehäkelte tischtuch war voller flecken. *warum hast du nicht auf mich gewartet?*, fragte johann und legte seinen mantel im vorzimmer ab. *du bist zu spät und ich hatte hunger. hier wird nun mal um punkt sieben zu abend gegessen. ich werde nicht die ganze nacht darauf warten, dass der herr sich erbarmt, nach hause zu kommen.* johann verdrehte die augen und setzte sich. auf dem kaffeetisch vor ihm lag jenes stück papier, das er am morgen aus der zeitung ausgeschnitten und in den mistkübel geschmissen hatte. *mein tageshoroskop* stand auf dem zerknüllten zettel. *mutter!*, rief er. *ich lasse mich nicht von dir bevormunden*, antwortete sie und kratzte die suppe aus. ihr horoskop las waltraud pichler jeden tag zum kaffee. und ihre stimmung richtete sich exakt danach, was darin stand. so hatte sich johann dazu entschlossen, den schwierigen tagen ein ende zu bereiten und das horoskop seiner mutter aus der tageszeitung zu schneiden. bis gerade eben hatte das auch prächtig funktioniert. doch heute hatte waltraud beim schälen der kartoffeln den zeitungsausschnitt im mistkübel gefunden und gelesen, dass sie sich vor schlechten nachrichten ihrer liebsten wappnen solle. sie hatte nur mehr einen liebsten, und so kam es, dass waltraud ihren sohn solange ausfragte, bis er ihr tatsächlich erzählte, was geschehen war. so kurz vor weihnachten war das wirklich keine schöne bescherung. waltraud setzte sich wortlos in ihren fauteuil, drehte den fernseher auf und schaltete auf zwei. wie ein ritual schaute sie sich die nachrichten an, wartete, bis sich die moderatorin der zeit im bild von ihr verabschiedete, und ging schlafen. johann blieb wie immer noch einige stunden wach. und die gedanken in seinem kopf kreisten wieder und wieder um dasselbe bild. wie schön es doch wäre, wenn es keine aleksandras mehr gäbe in seinem wien. dann wäre seine mutter jetzt sicher stolz auf ihn.

der wecker läutete an diesem morgen mit besonders schrillem ton pünktlich um sieben uhr. am mittwoch vor dem weihnachtstag 1992, an seinem ersten urlaubstag, hatte johann vergessen, ihn abzustellen. jetzt war er hellwach, stand auf, kochte kaffee und ging zur eingangstür, um sich seine tageszeitung zu holen. doch die fußmatte blieb an diesem tag leer. er blickte hinaus auf den gang und war verärgert. jemand musste seine zeitung gestohlen haben. oder hatte man vergessen, sie auszutragen? mit dem milchkaffee in der hand ging er ins wohnzimmer zurück und drehte den fernseher auf. eine sondersendung lief auf kanal zwei. die moderatorin schien merklich nervös. er setzte sich auf. eine welle von vermisstenanzeigen sei in polizeistationen in ganz wien eingelangt. zehntausende menschen seien heute morgen nicht auffindbar gewesen, so auch die fernseh-moderatorin von gestern nacht. die behörden stünden vor vielen fragen, die sie zu dieser stunde noch nicht beantworten könnten. bekannt sei bisher lediglich, dass die vermissten aus unterschiedlichen sozialen schichten kämen. einige von ihnen seien gastarbeiter und flüchtlinge aus jugoslawien. sie dürften allesamt ausländische staatsbürger sein. vermutet werde daher eine fehde osteuropäischer mächte und organisierter krimineller gruppen, die die menschen offenbar gezielt und unbemerkt außer landes gebracht hätten. bundeskanzler franz vranitzky hätte bereits eine pressekonferenz für mittag angesetzt. bis dahin würden sich die experten mit den österreichischen behörden und dem wiener bürgermeister zilk beraten. johann war besorgt. welcher geheimdienst würde es schaffen, zehntausende menschen unbemerkt aus wien zu entführen? er blickte schweigend auf den abgetretenen perserteppich im wohnzimmer. ein ungewöhnlicher morgen.

die zahl der vermissten war bis beginn der pressekonferenz, die man um einige stunden nach hinten verschoben hatte, bereits auf einhundertfünfzigtausend gestiegen. johann rief seine mutter ins wohnzimmer, die nervös in der wohnung hin- und herirrte und hektisch die hemden ihres sohnes bügelte. ihre brille war beschlagen. im dampf des wohnzimmers tauchte der bundeskanzler im fernseher auf. er wirkte blass und unruhig und versuchte vergeblich, eben das zu überspielen. nach ersten auswertungen von experten und behörden sei zu vermuten, dass ein rassistisches, fremdenfeindliches motiv hinter den entführungen stecke. zu diesem zeitpunkt könne man davon ausgehen, dass sich die fälle lediglich auf wien beschränkten, sich aber in einer noch nie dagewesenen, unerklärlich hohen zahl häuften. der bürgermeister fordere die wiener bevölkerung dazu auf, nicht in panik zu geraten und bis auf weiteres zu hause zu bleiben. die behörden würden akribisch an der klärung der vorfälle arbeiten und seien für alle hinweise von zivilpersonen dankbar.

waltrauds blick verlagerte sich plötzlich vom fernseher auf den brandfleck auf johanns bestem hemd. sie hatte auf das bügeleisen vergessen und schrie laut auf.

bis zum frühen abend blieb johann mit seiner mutter in der wohnung. sie hatten kaum gesprochen, sich nur mit blicken verständigt. waltraud schickte ihren sohn einkaufen. letzte besorgungen für das abendessen am heiligen abend. als johann das haustor hinter sich zufallen ließ, machte sich ein beklemmendes gefühl in ihm breit. die straße, in der er wohnte war wie ausgestorben. auf dem weg zum supermarkt blickte er immer wieder nach hinten. er hatte angst, jemand würde ihn verfolgen. nur wenige autos und eine handvoll menschen waren auf der hauptstraße unterwegs. die leute tummelten sich vor dem supermarkt. doch die tür war verschlossen. ein handgeschriebener zettel klebte neben den werbeplakaten für weihnachtskekse und eierlikör. darauf stand, der supermarkt könne aufgrund der vermissten mitarbeiterinnen leider nicht öffnen. panisch jagte johann zum nächsten geschäft, doch auch das zweite und dritte in seinem grätzl war geschlossen. ein anderer zettel. eine andere formulierung. eine andere handschrift. doch die meldung war dieselbe. vor jedem supermarkt starrten ratlose gesichter in die dunklen geschäftslokale. verängstigte stimmen rätselten, was sie ihren familien am heiligen abend servieren sollten. johann atmete immer schneller. er hetzte zur straßenbahnstation, um zu einem entfernten supermarkt zu fahren. in der station standen zwei dutzend menschen und blickten nervös auf ihre uhren. in der ferne hupten autos. immer wieder fuhr ein heulender polizeiwagen vorbei. zwei alte frauen tuschelten und stützten sich auf ihre gehstöcke. *aufgrund personeller schwierigkeiten kann die straßenbahn derzeit nur unregelmäßig fahren. wir bitten anderweitig auszuweichen*, klang eine tiefe männerstimme mit wiener färbung aus dem lautsprecher. *wos hod er g'sogt?*, fragte die alte. johann blickte um sich. *weit und breit nur echte österreicher.* er blickte hoch zu den lautsprechern, dann in den himmel und wieder zu boden. sein herz klopfte jetzt langsamer. er schmunzelte. *wäre das denn möglich?*, ging es ihm durch den kopf. mit leeren händen und in gedanken vertieft machte er sich auf den heimweg.

den weihnachtsabend verbrachte familie pichler mit aufgewärmtem dosengulasch vor dem fernseher. auch in den nächsten tagen passierten, trotz sonderkommissionen, sondersendungen und sondersitzungen des gemeinderates weiterhin nur sonderbare dinge. dutzende tatverdächtige wurden von den behörden vernommen und sogleich wieder frei gelassen. von organisierten ausländischen gruppierungen fehlte jede spur. aber auch rassistischen gruppen konnte die tat nicht zugeschrieben werden. waltraud hatte ihr halbes telefonbuch durchgeläutet und mit all ihren freundinnen über die entführungen gerätselt. wirklich besorgt um die vermissten schien keine von ihnen. vielmehr aber um sich selbst. denn nicht nur in den geschäften und lokalen, nicht nur in den bussen und straßenbahnen fehlten die arbeitskräfte. auch die pflegerinnen von waltrauds freundinnen aus ungarn und der tschechoslowakei, die jugoslawischen hausmeister im gemeindebau, die jüdischen journalistinnen, die rumänischen betreuer aus den altenheimen, die polnischen ärztinnen und türkischen rechtsanwälte waren verschwunden. selbst die arabischen schneeschaufler, die priester aus dem sudan und die straßenkehrer aus russland waren nicht mehr auffindbar. ihre besen, bibeln und schneeschaufeln lagen am boden verstreut, so als hätten sie sich während der arbeit plötzlich in luft aufgelöst. wien war mit einem schlag lahmgelegt. die straßen waren binnen weniger tage vollkommen verdreckt, fast alle geschäfte und cafés geschlossen und alle spitäler mit einem mal unterbesetzt. kaum eine woche nach den ersten vermisstenanzeigen verzeichnete die wiener börse nur noch rote zahlen. seit der weltwirtschaftskrise vor mehr als sechzig jahren waren die kurse nicht mehr so rasant gefallen. und es schien, als würde die wirtschaft so knapp um weihnachten unglaubliche verluste verzeichnen müssen.

johanns laune allerdings hatte sich in den tagen nach heiligabend stetig verbessert. trotz der kalten temperaturen machte er lange spaziergänge und freute sich, sein wien mit seinen menschenleeren straßen für sich zu haben. die stimmung war beinahe so wie an einem wahlsonntag. *beinahe so, als wäre nun jeder tag ein wahlsonntag,* ging es ihm durch den kopf. doch johann strahlte erst richtig, als ihn aus dem büro die gerüchte erreichten, dass seine kollegin aleksandra mitrović und zahlreiche weitere mitarbeiter vermisst gemeldet seien. er konnte es kaum glauben, aber sein wunsch hatte sich tatsächlich erfüllt. da war es ihm auch egal, dass er seine zeitung nicht mehr bekam, sein chinese und sein wirtshaus zugesperrt hatten. nicht einmal der ausfall der straßenbahnen und u-bahnen störte ihn. er ging gern zu fuß. denn die stadt gehörte ihm.

am silvesterabend 1992 fielen die feuerwerke in wien aus. die stadtverwaltung hatte alle großveranstaltungen abgesagt. johanns mutter freute sich, dass die ausländer in diesem jahr keinen lärm machen konnten. erst um mitternacht, nach dem siebzehnten silvesterkracher, musste sie sich eingestehen, dass die ausländer offenbar auch sonst nicht allein schuld am großen bahö waren. jetzt blieb ihr nichts anderes übrig, als sich über das wiener gesindel aufzuregen. johann schenkte einen alten champagner ein, den noch sein seliger vater in die vitrine gestellt hatte. für einen besonderen anlass, versteht sich. wann, wenn nicht jetzt, sollten sie die verstaubte flasche hervorholen und die korken knallen lassen, dachte er. spätestens in drei tagen, wenn er wieder das büro der waschlappenfirma betreten würde, hätte er die stelle, die ihm aleksandra gestohlen hatte. seine vorfreude auf das jahr 1993, auf *sein* jahr, war so groß, dass er seine mutter aus dem fauteuil zog, mit ihr nach unten auf die straße lief und zum jahreswechsel zwischen leeren bierdosen, böllerverpackungen, glasscherben und zigarettenstummeln den donauwalzer tanzte.

am ersten tag des neuen jahres gaben die wiener philharmoniker, zum ersten mal in der geschichte ihres bestehens, ein konzert mit lediglich einem drittel des orchesters. die stimmung war trotz aller bemühungen der virtuosen bedrückend. johann trabte unbeschwert durch die wohnung. er kochte frühstück, und nicht einmal der gestank der angebrannten eierspeise konnte ihn aus der fassung bringen. mittlerweile zeigte sich waltraud ein wenig ratlos über das verhalten ihres sohnes. das letzte mal, als johann ihr ein frühstück vorgesetzt hatte, musste er noch ein schulkind gewesen sein. während sie die verkokelten eierbrösel mit einem cappy gespritzt hinunterspülten, erschien nach dem neujahrskonzert wieder die blonde moderatorin der zeit im bild auf dem bildschirm des braunen röhrenfernsehers. täglich schien sich die situation zuzuspitzen. doch an diesem tag begann die lage noch ein stückweit skurriler zu werden. in den wiener spitälern, erklärte die nachrichtensprecherin, seien in der silvesternacht hunderte patienten aufgetaucht, die allesamt lepraähnliche symptome aufwiesen. die betroffenen klagten darüber, plötzlich gliedmaßen verloren zu haben, die ohne schmerzen verkümmerten und sich zurückbildeten. einige patienten, die die nacht im spital verbracht hatten, seien am nächsten tag nicht mehr in ihren zimmern auffindbar gewesen. die fälle würden den behörden erneut große rätsel aufgeben. experten könnten nicht ausschließen, dass es sich um eine neuartige infektionskrankheit handle. sonderbar sei allerdings die tatsache, dass sich die krankheitsfälle bisher ausschließlich auf österreichische patienten beschränkten, deren eltern und großeltern in den letzten tagen vermisst gemeldet worden waren. die spitäler müssten bei anhaltender unterbesetzung womöglich schließen. um dies zu verhindern, werde nun sogar ehemaliges gesundheitspersonal aus der pension zurückgeholt. waltraud begann zu zittern. seit acht jahren war sie bereits zu hause und ihre arbeit als krankenpflegerin hatte sie keine sekunde vermisst. *mama beruhig‘ dich!*, beschwichtigte johann, *du bist schon zu lang in pension. da gibt es genug andere, die sie zurückholen, bevor die bei uns anklopfen.* waltraud nickte und stimmte ihrem sohn zu. zum ersten mal seit einer woche beutelte ihn ein schauderhaftes gefühl. er drehte den fernseher ab.

am nachmittag legte sich johann für eine stunde nieder. die gute laune der letzten tage hatte ihn etwas ausgelaugt. er döste unter seiner daunendecke. aus einem schwarz gerahmten porträt auf seinem schreibtisch lächelte ihn sein vater an, sein großes vorbild. er war zu lebzeiten ein angesehener mann gewesen, hatte als offizier im krieg gekämpft, seine ehefrau stets in ehren gehalten und sich als geschäftsmann den respekt seiner partner und angestellten verdient. wie sehr es ihn wohl freuen würde, dass seine stadt wieder den wienern gehörte, überlegte johann. von den greueltaten der ostmärkischen soldaten, den affären seines vaters und dem konkurs, der seine familie schließlich in den ruin getrieben hatte, sprach man in der familie nie. nicht von den uniformen und der geheimnisvollen schatulle im kasten, und auch nicht von den raten, die seine mutter nur abbezahlen konnte, indem sie jahrelang spätschichten im krankenhaus geschoben hatte. waltraud hatte immer viel dafür getan, dass sich die menschen nur an die guten seiten ihres mannes erinnerten. die ehrenhaften. johanns erinnerungen an seinen vater hatte sie über die jahre mit erfolg ins rechte licht gerückt. und so hatte sich ihr sohn danach gesehnt, sich einmal die achtung zu verdienen, die man seinem vater entgegenbrachte. johann schlief langsam ein.

keine zwei stunden später riss ihn ein schrilles geschrei aus dem schlaf. als er halbverträumt und verwirrt die augen aufriss, hätte er schwören können, vor dem schreibtisch, neben dem bild seines vaters, die silhouette der zigeunerin gesehen zu haben, die er vor ein paar tagen auf der mariahilfer straße umgestoßen hatte. doch da war niemand. plötzlich hörte er, wie seine mutter seinen namen rief. er sprang auf, zog sich hastig seine grauen stoffpantoffeln an und lief ins wohnzimmer. er wäre beinahe über den perserteppich gestolpert. *was ist?*, fragte er. waltraud streckte ihm wortlos und winselnd ihre rechte hand entgegen. ihr fehlten drei finger.

auf das taxi, das sie ins krankenhaus in die dornbacher straße bringen sollte, warteten sie zwanzig minuten. johann hatte eine ledertasche in der hand, die seine mutter mit zwei nachthemden, der guten unterwäsche, toiletteartikeln und einem rosenkranz gepackt und für den ernstfall stets in ihrem kasten bereitgehalten hatte. mittlerweile waren die straßen so leer, dass nicht einmal mehr autos sie befuhren. ein unfreundlicher, stämmiger wiener saß hinter dem lenkrad. ein unangenehmer mensch. es roch nach abgestandenem zigarettenrauch, benzin und minzbonbons. der weg dauerte keine viertelstunde. als sie vor dem krankenhaus ankamen, hatte waltraud unter dem verband, den sie zuhause angelegt hatte, bereits den vierten finger verloren. an der linken hand fehlten ihr mittlerweile alle fünf fingernägel. der fahrer verlangte beinahe das doppelte wie sonst, und erklärte forsch, dass sie das nächste mal zu fuß gehen sollten, wenn sie sich kein taxi leisten könnten. selbst in diesem zustand begann waltraud mit dem mann zu streiten. bis ihr sohn die beiden unterbrach, dem fahrer die vollen achtzig schilling auf den beifahrersitz pfefferte und waltraud hektisch aus dem wagen zerrte. so gerne hätte waltraud ihm jetzt ihren mittelfinger gezeigt.

im warteraum der notaufnahme tummelten sich dutzende menschen, die dieselben symptome aufwiesen wie waltraud. johann verstand nicht, was da gerade geschah. er hatte doch in den nachrichten gesehen, dass alle betroffenen tschuschen waren, zigeuner, muselmanen oder zumindest juden, dachte er. seine mutter hatte doch seit weihnachten das haus nicht verlassen. wie hätte sie sich überhaupt anstecken können? ein eleganter herr stand auf und machte platz für johanns mutter. waltraud setzte sich. sie war bleich wie topfen und kurz davor umzukippen. ihr sohn füllte das anmeldeformular aus und flüsterte dabei die silben, die er notierte: *name, wal-traud pich-ler. geboren am sechs-und-zwanzigsten november drei-und-dreißig. mädchenname, la-wers-eck.* seine mutter stockte. *wie?*, fragte sie. johann sah sie entgeistert an und senkte das klemmbrett, auf dem das formular lag. *lawerseck,* wiederholte er den namen so, wie er ihn sein ganzes leben glaubte gehört zu haben. seine mutter schüttelte den kopf, griff mit der linken hand nach dem papier und legte das brett auf ihren schoß. es zitterte. *hlavacek*, stotterte sie kurzatmig. johann runzelte die stirn. seine mutter nahm den stift in die linke hand und kritzelte den namen ihres böhmischen großvaters aufs papier. *hlavacek*, sagte sie nocheinmal und sah ihrem sohn in die augen. er hatte verstanden.

waltraud lag in einem einzelzimmer. den jungen burschen in uniformen, die die krankenstation bewachten, war die nervosität in ihr milchgesicht geschrieben. johann wartete die ganze nacht über am gang. er war nun sicher schon hundert mal auf- und abgelaufen. seine hände waren zu fäusten geballt, seine lippen fest zusammengepresst, er atmete laut. dann machte er abrupt halt, schlug sich die hände vors gesicht und flüsterte dabei mit zusammengebissenen zähnen, den tränen nahe: *scheiße*.

als er am nächsten morgen aufwachte, war auf dem gang des krankenhauses ein großes gewusel. er wusste nicht mehr, wann er auf dem orangefarbenen plastiksessel vor dem krankenzimmer seiner mutter eingeschlafen war. als er zu waltraud wollte, sah er, dass ihre zimmertüre offen stand. ein krankenpfleger hielt ihn auf und versuchte ihm zu erklären, dass seine mutter nicht mehr aufzufinden sei und sie bereits eine vermisstenanzeige aufgesetzt hätten. johann schüttelte den kopf und rief nach seiner mutter. er stieß den pfleger zur seite, stürmte in das zimmer und fand ein leeres bett vor. die ledertasche seiner mutter lag unberührt auf dem tisch, daneben ihre geldbörse und ihr rosenkranz.

es war schon spät abends, als johann die suche nach seiner mutter aufgab und sich auf den heimweg machte. er wusste nicht mehr, was er tun sollte. die gedanken in seinem kopf und die schuldgefühle in seinem bauch überschlugen sich. wien schien beinahe vollkommen leer. er ging an einer straßenbahn vorbei, die mitten auf den schienen mit offenen türen stehen geblieben war. zusammengestoßene autos mit totalschaden links, ein geplünderter supermarkt mit zerborstenen fensterscheiben rechts. die stadt war still, dunkel und kalt. seit dem altertum hatten nicht mehr so wenige menschen dieses einst so reiche, saubere und schöne wien bewohnt. johanns klagen hallten durch die verlassenen straßen. und niemand hörte sie.

wenige schritte vom haustor entfernt, zog er seinen schlüssel aus der manteltasche. als er ihn ins schloss steckte, merkte er, dass der nagel an seinem rechten daumen fehlte. er schluchzte und zitterte. der lift war außer betrieb. der strom war ausgefallen. er ging die stufen hinauf, betrat die wohnung, suchte im dunklen nach streichhölzern und zündete alle kerzen an. dann lief er geradewegs in waltrauds schlafzimmer. in einem der kästen hingen die hemden, mäntel und uniformen seines vaters. er stieg auf einen schemel, stellte sich auf die zehenspitzen und schob zwei holzkisten zur seite. sie landeten lautstark am boden und die kriegsabzeichen und ehrenmedaillen des vaters sprangen aus der kiste und verteilten sich auf dem teppich. johann streckte sich und hatte mühe, die lederne schatulle mit braunem riemen aus dem obersten fach des kastens zu holen. er legte sie auf das bett, öffnete sie, zog das gewehr heraus und nahm die munition zur hand. dann blickte er noch einmal aus dem fenster auf das wien, das er sich erträumt hatte. ein lauter knall hallte vom wienerwald bis zum zentralfriedhof.

am siebten januar feierte aleksandra mitrović mit ihren eltern, ihrem cousin józsi, seiner frau piroska und ihrem sohn in ihrer genossenschaftswohnung in meidling das weihnachtsfest. ihre freundin ljubica war auch gekommen. noch bevor sie ihren eltern erklären konnte, dass ljubica mehr als nur eine arbeitskollegin für sie war, würden sie sich trennen. die stadt hatte sich noch nicht von den vorfällen der letzten wochen erholt, doch die vermissten waren beinahe allesamt wieder in allen ecken der stadt aufgetaucht. der wiederaufbau hatte erst begonnen. an der wiener börse würde man noch jahrelang die folgen des dezembers 1992 beklagen. waltraud saß auch an diesem donnerstag in ihrem fauteuil und starrte reglos in den fernseher. sie wartete auf niemanden mehr. die seite mit den horoskopen hatte sie heute selbst aus der zeitung herausgerissen.

in anlehnung an das werk
die stadt ohne juden von hugo bettauer.

jugoslawisches roulette

rukija. štos.

jašar landete mit großer wucht auf dem rücken und starrte entsetzt an die decke. rukija stellte sich über ihn und reichte ihm die hand. *na komm, steh auf großer*, sagte sie und half ihm von der turnmatte hoch. er war sofort wieder auf den beinen und richtete sich betreten seinen judogürtel. vom einzigen mädchen im jahrgang aufs kreuz gelegt zu werden, und dann auch noch vor allen leuten. ausgerechnet von einer zigeunerin, das würden ihm die anderen noch lange vorhalten. rukija grinste. sie war stolz, dass sie ihren vater damals überzeugen hatte können, seine einzige tochter auf die sportschule zu schicken.

nach der letzten stunde zogen sich ihre klassenkameraden in der garderobe um und lachten über jašar. rukija stand in der engen schultoilette und tauschte das judogewand gegen eine rote bluse und jeans. die sportschule lag auf der anderen seite von skopje, eine gute stunde zu fuß von dem haus ihrer eltern entfernt. ihre familie wohnte in der šutka, im norden der hauptstadt. dort, wo die straßen nicht gepflastert waren und nur die reichen roma fließendes wasser im haus hatten. dort, wo sogar die gadsche, die sich dahin verirrten, fließend romanes sprachen. rukija war die verurteilenden seitenblicke gewohnt. von den jungs in der schule, die auf sie herabschauten, weil ihre haut so dunkel war. und von den alten frauen in ihrem viertel, die sie ächteten, weil sie hosen trug und keine röcke. und weil ihre mutter ihren vater geheiratet hatte, diesen halbjuden, und keinen ganzen moslem. rukijas vater arbeitete als bühnenbildner in einem theater in der innenstadt und kannte sich gut mit dramen aus. doch dass seine verlobung so eine tragödie nach sich ziehen würde, hätte er damals nicht für möglich gehalten. sein vater war zumindest noch rom gewesen, ansonsten hätte man rukijas mutter wohl aus dem viertel vertrieben. *macht nichts, mein kind! lass die leute nur schauen. die sind doch nur neidisch auf dein schönes gesicht. mashallah, wie eine schauspielerin siehst du aus!*, beschwichtigte ihre mutter sie immer. sie hatte nicht unrecht. der halbe jahrgang war in rukija verliebt. vor allem die jungs, die sie immerzu *tarzan* schimpften oder *mogli*. auch jašar sah sie schon lange mit einem anderen blick an. *wenn er doch nur rom wäre, oder moslem, zumindest ein bisschen*, dachte sich rukija, wenn sie ihn ermahnte, sie nicht anzustarren

vida. vindšucšajbna.

milan schlug mit großer wucht die türe zu und drosch mit der faust gegen die wand. vida strich ihm über die dichten, schwarzen haare. *mach dir nichts daraus*, sagte sie und wiegte ihre tochter im arm. das baby weinte, milan hatte die kleine aufgeschreckt. von einem gadscho als *dreckiger zigeuner* beschimpft zu werden, obwohl er doch nicht einmal einer war. vida hörte solche worte schon ihr ganzes leben lang. doch ihr mann war erst vor kurzem in die *muzička kolonia*, die zigeunerstraße nach obrenovac gezogen, in das kleine dorf bei belgrad. manche roma in der siedlung waren weiß und blond, so fiel er mit seinen schwarzen haaren und seinem blassen gesicht kaum auf. doch den gadsche war das egal. ein mann, der aus dieser gegend kam, musste in ihren augen zu dem rest gehören.

vidas eltern hatten sich lange gegen die hochzeit mit dem gutaussehenden mann gestellt. nicht weil er jude war, sondern weil sie sicher waren, dass er ihr nicht das leben bieten könne, das sie sich für ihre tochter vorstellten. bei tag fuhr vida zur hochschule für pädagogik in die hauptstadt und milan kümmerte sich um die kleine sladjana. wenn seine frau nach hause kam, übergab er ihr das kind, setzte sich in seinen weißen *zastava*, schaltete das taxizeichen am dach ein und fuhr in die stadt, auf der suche nach fahrgästen. er verdiente gut, aber was sie konnten, legten sie zur seite. die beiden hatten einen plan. ihre mutter bat vida so selten wie möglich um hilfe. sie wollte ihr nicht die genugtuung lassen, sich das maul über ihren mann zu zerreißen. und darüber, dass sie studieren musste, um später als lehrerin dazuverdienen zu können.

rukija. kerviš.

einige wochen nach schulabschluss war jašar aus jugoslawien verschwunden. er tauchte ab und ging nach wien. von dort schrieb er rukija briefe, die sie versteckte, damit ihre eltern sie nicht in die finger bekamen. manchmal, wenn rukija das wasser aus dem brunnen heraufzog, stellte sie sich vor, wie es wäre, mit ihm in wien zu leben, statt in diesem ghetto. wie es wäre in wien in einer badewanne zu liegen und zeitung zu lesen. *meine tochter wird nicht den besen unter der achsel tragen, sondern eine damenhandtasche und ein klassenbuch!*, pflegte rukijas mutter zu sagen, wenn sie spät nachts von der arbeit aus der wohnung einer reichen gadschi nach hause kam und ihre putzfrauenuniform ablegte. hätte sie lesen und schreiben können, hätte sie ihre tochter wohl selbst in der lehrerakademie inskribiert. rukija war die erste frau in ihrer familie, die einen uniabschluss machen würde. schon während ihres studiums bekam sie eine stelle in einem kindergarten in der šutka. die eltern der kinder freuten sich, dass endlich auch eine frau aus ihren reihen auf die kleinen aufpassen würde. einer romni vertrauten sie ihre prinzen und prinzessinnen mit besserem gewissen an, wenn sie in die stadt gingen, um die häuser und straßen der weißen zu bauen.

vida. flaše.

einmal bat sie ihre mutter dann doch um hilfe. als vida ihr diplom bekam, stellten sie sich schon in den frühen morgenstunden in die küche. fünf kilo fleisch stopften sie in den fleischwolf und dann in krautblätter. die sarme ihrer mutter waren in der ganzen nachbarschaft begehrt. zwei dutzend männer und frauen drängten sich in ihrer kleinen wohnung. ihr onkel brachte slivovic aus seiner eigenen kellerdestillerie. die stimmung war fast wie bei einer slava. *živeli!*, klangen die stimmen ihrer tanten aus der küche. statt den geweihten kerzen aus der kirche stand vidas gerahmtes diplom auf dem tisch. dann klirrten auf einmal die flaschen und gläser. sirenengeheul. ein ungeheures dröhnen füllte den raum. alle stürzten die enge treppe hinunter in den keller und sahen stumm vor schreck dabei zu, wie der putz von der decke bröckelte. bomben fielen auf die stadt. das kind hörte gar nicht mehr auf zu weinen. milan weinte auch. jugoslawien stand unter beschuss, und das geld, das sie sich so mühsam erspart hatten, verlor jeden tag an wert. noch in dieser nacht entschloss sich die familie, nach wien zu flüchten. milan wollte nicht. er wollte nach amerika. sein großonkel, ein jüdischer elektriker aus budapest, lebte schon seit mehr als zwanzig jahren in chicago. schon am nächsten tag wählte er seine nummer, wechselte die dinar in dollar und schmiedete einen plan mit vida, wie sie das land verlassen könnten.

rukija. šleper.

die nachricht vom ausbruch des jugoslawienkrieges erreichte auch die šutka innerhalb weniger stunden. rukija wollte nicht darauf warten, dass die bomben auch auf ihre straße niederhagelten. oder, gott behüte, auf den kindergarten. sie suchte jašars nummer heraus und bat ihn um seine hilfe. eine ganze woche lang überlegte sie, ob sie jugoslawien verlassen sollte. dann packte sie einen großen lederkoffer und legte ihr diplom zwischen die seiten des korans ihrer großeltern. die zwei wichtigsten dinge, die sie besaß. sie kaufte sich ein zugticket zur ungarischen grenze. ihre eltern brachten sie zum bahnhof. sie versprach ihnen, dafür zu sorgen, dass sie nachkommen könnten, sobald sie in wien eine wohnung gefunden hätte. rukija schlich einen kilometer zu fuß über die grenze nach österreich. anstelle des eisernen vorhangs stand damals nur mehr ein dünner zaun. jašar wartete drüben auf sie. *drüben*, dachte sie, *jetzt war sie endlich drüben angekommen.*

vida. gepek.

vida und milan wurden am flughafen von herrn pukler abgeholt. als sie durch downtown chicago fuhren, waren sie geblendet von den hohen gebäuden und den harschen lichtern. vida sah drei damen im pelzmantel dabei zu, wie sie in eine limousine stiegen und lachten. *ich werde auch einmal in einer limousine sitzen*, träumte sie.

das letzte mal, als herr pukler seinen neffen gesehen hatte, hatte milan noch nicht sprechen können. auch jetzt konnten sie sich kaum verständigen. milans vater hatte ihm kein jiddisch beigebracht. herrn puklers russisch reichte gerade einmal aus, ihnen zu erklären, wo sie schlafen konnten. nur solange, bis sie eine wohnung fänden. milan antwortete auf serbisch: *da! hvala!* seine tante schüttelte vorwurfsvoll den kopf. *jes! tenkju!*, korrigierte sie ihn. den englischkurs für vida und milan am community college zahlte die familie pukler. sein cousin tommy half milan, sich auf die taxiprüfung vorzubereiten. das lehrbuch wog fast so viel wie seine tochter. als er es zum ersten mal aufschlug, musste er jedes wort einzeln im wörterbuch nachschlagen. als er nach einem monat zur prüfung antrat, konnte er sich mit dem prüfer schon gebrochen über das wetter unterhalten.

rukija.gastarbajter.

jašar hatte für rukija schnell einen job bei einer putzfirma gefunden. die männer aus jugoslawien arbeiteten am bau und zogen die häuser der *švabe* aus dem beton, während die frauen den dreck beseitigten. wenn ein österreicher sie anschrie, sagten sie lieber kein wort, höchstens *jaja!* und *kajne problem!*

kaum einen monat wohnte rukija in jašars wohnung. als sie einmal früher von der arbeit nach hause kam, lag er mit einer blonden švabica im bett. *jebem ti majku!*, schimpfte sie, räumte schnell ihre sachen in ihren koffer und ging.

die chefin aus der putzfirma, frau ljubica, die schon hier geboren war, nahm sie für eine zeit bei sich auf. rukija putzte auch ihre wohnung. ihr geschirr war noch nie so sauber gewesen. während dem abwaschen weinte sie. ganz leise. ljubica umarmte sie fest und gab ihr einen kuss auf die wange. die zuneigung tat rukija gut. sie fühlte sich sehr einsam in der fremden stadt und konnte eine schwester gut gebrauchen. doch dann spürte sie ljubicas hand ihre hüfte entlang nach unten gleiten und machte einen schritt nach hinten. sie schüttelte beschämt den kopf. ljubica bat sie um entschuldigung und verlor nie wieder ein wort darüber.

vida. rikverc.

die umstellung von der jugoslawischen schrottkiste auf den orangefarbenen *crown victoria* machte milan stolz. er lehnte sich weit zurück, als er hinter dem lenkrad seines neuen wagens saß. hier verdiente man mit dem taxi fast doppelt so viel wie drüben. trotzdem ging vida jeden tag schwarz putzen und ließ sladjana bei der nachbarin. bevor sie in die usa kamen, hatte sie in ihrem ganzen leben erst einen schwarzen menschen gesehen. den mann aus der coca cola werbung. doch hier, in dem haus, in dem sie wohnten, lebten fast nur schwarze.

frau jones hatte auch zwei kinder, und da machte eines mehr kaum einen unterschied. vor allem, wenn sie damit etwas dazuverdienen konnte. sladjana konnte schon krabbeln. *haj haj*, grüßte sie frau jones auf englisch mit ihren ersten worten. nicht *mama*. nicht *tata*. nur *haj haj*. vida und milan hatten die ersten worte ihres kindes verpasst. sie mussten arbeiten, damit es der kleinen sladja einmal besser gehen würde. doch milans visum wurde nicht verlängert. die taxiprüfung, die englischstunden, alles umsonst. er flog zu seiner familie nach wien und versprach, mit einem neuen visum zurückzukommen. vida und sladjana ließ er alleine am stadtrand von chicago zurück. dort, wo sich die reichen damen mit ihren limousinen gar nicht hintrauten.

rukija. rinflajš.

am sonntag stahl rukija eine kronenzeitung aus einem zeitungsaufsteller. sie suchte nach den wohnungsanzeigen. sie rief jede nummer an. zwei tage dauerte es, bis sie die alte jüdin aus mazedonien fand, die bereit war, ihr ein zimmer zu vermieten. *wie schön sie sind! sie erinnern mich an mein jüngeres ich*, sagte sie. die wohnung am praterstern lag direkt über einem bordell. im nebenzimmer wohnte eine ungarin mit ihrem sohn. die fliesen in ihrem badezimmer schimmerten im selben rot wie die wände des etablissements im erdgeschoß. rukija verurteilte die frauen nicht. in der kurzen zeit, die sie hier lebte, hatte sie verstanden, wie schwer es sein konnte, sich in dieser stadt ein neues leben aufzubauen.

die frau, bei der sie untergekommen war, verschaffte ihr eine anstellung als putzfrau im admiral casino im prater. rukija war froh und erleichtert. seither kochte sie jeden tag, bevor sie zur arbeit ging, für ihre vermieterin. ohne schweinefleisch, wie zu hause in der šutka. die frühschichten waren furchtbar. dann musste sie die herrenklos immer ganz gründlich putzen. vor allem die pissoirs, in die manch einer gekotzt hatte, wenn er einen obstler zu viel gekippt hatte. die stimmung im casino war vormittags immer so bedrückend. um diese zeit verirrten sich keine touristen oder junge pärchen in das casino am ende des wurstelpraters. nur stammkunden, die schon zu dieser stunde an ihrem zweiten bier und ihrer zehnten zigarette nuckelten und den einarmigen banditen herausforderten. manchmal, wenn der mann mit dem bierbauch und der schnapsfahne beim roulette gewann, steckte er rukija einen chip als trinkgeld in die bluse. den setzte rukija beim roulette auf schwarz. nie auf rot. die rote heimat hatte ihr glück doch schon längst verspielt.

vida. kofer.

vida hatte oft albträume. manchmal schreckte sie nachts auf, wenn sie von draußen die sirenen eines polizeiautos hörte. dann sah sie sich immer in der *muzička kolonia* wieder. im keller, als die bombenwarnungen durch die stadt hallten. sie konnte dann nie einschlafen und lag oft stundenlang wach. milan hatte chicago schon vor wochen verlassen. vidas ersparnisse neigten sich langsam dem ende zu. morgens arbeitete sie in einem kindergarten und nachmittags als putzfrau in den wohnungen der reichen damen in downtown. nachts lernte sie englisch am community college. sladjana hatte ihren vater schon ein halbes jahr nicht gesehen. ihre mutter bekam sie auch kaum mehr zu gesicht.

nachts läutete das telefon. vida setzte sich neben den apparat und hob ab. *halo? čao, dragi.* milans stimme am anderen ende der leitung klang müde und anders als sonst. weniger hoffnungsvoll. *mein antrag ist abgelehnt worden. ich kann nicht zurück*, sagte er. vida sank in sich zusammen. sie war enttäuscht und erleichtert zugleich. vielleicht wollte sie gar nicht mehr in einer limousine durch chicago fahren. nicht alleine. vielleicht würde es in wien viel schönere limousinen geben. und nicht so grelle lichter.

in den nächsten tagen verkaufte sie alles, was sie nicht mitnehmen konnte. die flugtickets hätte sie sich sonst nicht leisten können. tommy, der cousin ihres mannes, brachte sie zum flughafen. er gab ihr ein kleines paket mit und bat sie, es von wien per post nach budapest an eine alte bekannte zu schicken. tommy half ihr, die zwei großen koffer zu tragen. mit dem kind im arm hätte sie das nicht geschafft. er umarmte sie und ließ seine familie in wien grüßen. vida stieg erst zum zweiten mal in ein flugzeug und ein drittes mal in ein neues leben.

rukija. cimerka.

die ungarin im nebenzimmer zog aus. nach jahren des wartens hatte sie endlich eine gemeindebauwohnung bekommen, irgendwo in floridsdorf. rukija wollte sich selbst aussuchen, wer in das zimmer einziehen würde. sie redete mit der vermieterin und überzeugte sie davon, dass es besser wäre, wenn sie selbst nach einer nachfolgerin suchte. sie fragte ihre kolleginnen im casino. die toilettendamen, die barfrauen. aber niemand war daran interessiert, in ein zimmer über einem puff zu ziehen. nach einigen tagen kam eine der putzfrauen zu ihr. sie fragte sie auf romanes, ob das zimmer noch frei sei. ihre tochter und ihr schwiegersohn suchten eine bleibe. sie seien ganz feine leute. ihre tochter sei lehrerin gewesen. *ande amerika. ando čikago.* rukija stimmte zu. sie mochte die frau. sie erinnerte sie an ihre eigene mutter. rukija vermisste ihre eltern, aber sie konnte sie nicht nach wien holen. dann wäre ja herausgekommen, dass sie am telefon gelogen hatte. ja, sie unterrichtete nicht in einer volksschule. aber konnte sie ihrer mutter den triumph nehmen, den neidigen frauen in der nachbarschaft zu erzählen, ihre tochter spaziere im westen mit dem klassenbuch unter dem arm herum und trage dabei jeden tag eine andere handtasche.

vida. beštek.

milan stand mit einem rosenstrauß am flughafen. *srce moje*, hatte er mit kyrillischen buchstaben auf den zettel geschrieben, den er in der hand hielt, als vida durch das gate hetzte. ein junger mann hatte ihr geholfen, die koffer zu tragen. milan war fast jeden tag am flughafen. er hatte schnell gelernt, sich in wien mit dem taxi zurechtzufinden.

als vida das kleine zimmer am praterstern betrat, war sie entsetzt von den abgerissenen tapeten und dem schäbigen interieur. und noch mehr von den geräuschen aus den zimmern unter ihnen. rukija hatte ein huhn für sie gegrillt. dazu eine *pogača* gebacken. jugoslawische gastfreundschaft war ja schließlich groß geschrieben in der familie. der alte gasherd in der küche klapperte immer, wenn sie ihn anmachte. das brot war etwas unregelmäßig braun geworden. sogar etwas verkokelt am rand. trotzdem hörte sie vida stolz dabei zu, wie sie ihr essen lobte. eine gestandene frau, dachte rukija. eine, der man gerne unter die arme greift.

rukija. ringišpil.

als rukija am nächsten abend zur arbeit ging, nahm sie vida mit. *komm schon, ajde,* mahnte sie, *sonst kommen wir noch zu spät!* sie hetzten durch den prater. nach den grellen lichtern in downtown chicago leuchteten die glühbirnen auf dem ringelspiel in vidas augen wie billiges kinderspielzeug. sie eilten an einer achterbahn vorbei. in einer ecke verprügelten zwei zwielichtige gestalten im anzug einen mann. einem anderen verbanden sie die augen und den mund, warfen ihn in einen waggon der hochschaubahn und befahlen dem mann, der die bahn steuerte, schneller zu fahren als sonst. *gledaj u mene!*, wies rukija sie an. vida richtete ihren blick nach vorne, als hätte sie nichts gesehen.

die chefin war noch nicht eingetroffen. rukija ging nach hinten, um die putzsachen zu holen, und bat vida, auf sie zu warten. sie setzte sich an einen roulettetisch. an den mit dem kleinsten einsatz. milan hatte ihr ein paar schilling mitgegeben, damit sie nicht ohne geld aus dem haus ging. *black thirteen*, sagte vida auf englisch. der croupier drehte und die kugel landete auf rot. *sorry madam*, antwortete der mann. die chefin war gerade hereingekommen und sah vida aufmerksam zu. sie hatte sie noch nie hier gesehen. woher sie wohl kam? eine dunkle frau, die sich auf englisch mit dem croupier unterhielt. bestimmt eine amerikanerin.

rukija kam mit dem besen in der hand aus der garderobe und ging geradewegs auf die chefin zu. sie stellte ihr vida vor und fragte gleich, ob sie vielleicht auch als putzfrau hier arbeiten könne. *putzfrauen suchen wir keine*, erklärte die chefin. *aber du sprichst gut englisch*, sagte sie zu vida. das wort *englisch* hatte sie verstanden und nickte eifrig. *du kennst dich mit roulette aus?* vida nickte wieder. sie hatte ihre frage zwar nicht verstanden, aber das nicken könnte wohl nicht schaden, dachte sie. *ich suche einen croupier, der mit den touristen reden kann*, sagte die chefin und musterte vida. *eine hübsche frau wie dich könnte ich gut gebrauchen*. vida konnte nicht antworten. *danke, frau chefin!*, sagte rukija statt ihr. *wann kann sie anfangen? – nächste woche. ich schaue mir einmal an, was sie kann*. rukija und vida schüttelten ihre hand. am nächsten tag kaufte sich vida in der buchhandlung ein wörterbuch und lernte in einer woche die wichtigsten phrasen auf deutsch. immer wenn die chefin ihr bei der arbeit zuschaute, wechselte sie schnell auf englisch, selbst dann, wenn ein wiener an ihrem roulettetisch saß.

vida. tringelt.

die deutsche sprache fand vida hässlich. sie konnte auch nach vielen wochen die wörter auf englisch und deutsch kaum auseinanderhalten. die bezahlung im casino war gut. sie hatte oft zur gleichen zeit dienst wie rukija. dass sie etwas neidisch auf vida war, konnte sie nicht verschleiern. sie arbeitete seit fast zwei jahren hier und musste noch immer die toiletten schrubben. vida trug eine elegante uniform, bekam viel trinkgeld und durfte rauchpausen auf dem gang machen. vida versuchte, rukija unter die arme zu greifen. sie wusste, dass sie die stelle ohne sie niemals bekommen hätte und zeigte ihr ihre dankbarkeit oft mit kleinen gesten.

eines tages betrat ein älterer herr das casino. er trug einen beigen anzug ohne krawatte. seine grauen brusthaare blitzten aus dem offenen hemd. auf seinem siegelring funkelte ein davidstern. *guten abend*, grüßte er vida und setzte sich an ihren tisch. er gewann zwei spiele hintereinander, stand auf, ließ sich auszahlen und gab vida fünfzig schillig trinkgeld. er kam am nächsten abend wieder, gewann ein spiel und gab ihr wieder fünfzig schilling. am dritten tag verlor er ein spiel nach dem anderen. eine halbe stunde hatte er gespielt und sich mit einem teuren cognac betrunken. *sie haben schöne augen*, sagte er zu ihr, als er aufstand. *woher kommen sie?*, fragte er. *jugoslawien*, antwortete sie. *sind sie zigeunerin?* vida zögerte, sagte zuerst nichts, dann nickte sie. *schön. ich habe viele freunde, die zigeuner sind*, erklärte er. *borochov*, stellte er sich vor und reichte ihr die hand. *ich bin filmemacher und ich brauche eine frau für meinen film. können sie eine putzfrau spielen?* vida sah ihn beleidigt an. aber als er ihr sagte, wie viel er für einen drehtag zahlen würde, änderte sich ihr gesichtsausdruck. *nur mit meiner schwester*, sagte sie und zeigte nach hinten auf rukija, die gerade einen tisch abwischte. *also gut*, sagte der mann. statt dem trinkgeld steckte er ihr diesmal eine serviette mit seiner telefonnummer zu. *rufen sie mich morgen an*, zwinkerte er und ging. als rukija von dem filmdreh erfuhr und von dem geld, das sie dabei verdienen würden, küsste sie ihre freundin auf die stirn. vida bestellte zwei *asbach uralt* und stieß mit ihr an. rukija trank nicht. für eine gute muslima gehörte sich das nicht. doch diesmal schien es ihr angemessen. ihre mutter würde das schon verstehen, dachte sie und kippte das stamperl.

rukija. fušer.

milan war anfangs nicht begeistert. es kostete vida viel überzeugungskraft ihn umzustimmen. das geld war wohl das ausschlaggebendste argument. die dreharbeiten im wurschtlprater dauerten nicht lange. texte mussten sie keine lernen. sie sprachen im film nur romanes miteinander. ihre sätze bastelten sie sich spontan vor der kamera zusammen. dass die untertitel nicht ansatzweise zum gesagten passten, würden nur die roma verstehen. und die würden sich wohl darüber amüsieren, dass vida und rukija sich in den szenen aufgebracht über die sarmarezepte ihrer mütter austauschten.

vida. tašna

der filmemacher war sehr angetan von den beiden frauen. er behandelte sie genauso, wie die schauspieler, die hauptrollen spielten. vida erzählte ihm auf englisch von der muzička kolonia, ihrer flucht nach chicago und davon, dass rukija und sie davon träumten, einmal direktorinnen an einer wiener schule zu werden. noch bevor der film abgedreht war, half herr borochov den beiden, ihre diplome nostrifizieren zu lassen. er hatte kontakte zu hohen kreisen und verschaffte den beiden stellen in einer volksschule in ottakring als muttersprachliche lehrerinnen für mazedonisch und serbisch. als sie im admiral casino hinter dem prater kündigten, setzten sie hundert schilling auf rot. diesmal würde ihnen der stern auf der alten flagge vielleicht doch glück bringen. als der croupier die hundert schilling über den tisch zog, lachten die beiden über sich selbst.

zur filmpremiere fuhren die schauspieler in einer limousine vor dem votivkino vor. auch vida und rukija stiegen aus dem langen weißen wagen. der rote teppich wurde nicht ausgerollt. und keine einzige kamera blitzte auf, als sie die stufen in das foyer des kinos hinunterstiegen. nur milan fotografierte die beiden vor der weißen limousine. vida lehnte an rukijas schulter. rukija hob ihren arm, und ließ ihre damenhandtasche am unterarm baumeln. *mashallah, wie eine schauspielerin siehst du aus!,* hörte sie ihre mutter sagen und lachte.

biografie

samuel mago

geboren 1996 in budapest. lebt seit 2000 in wien. er ist schriftsteller, künstler und roma-aktivist und stammt aus einer roma-familie mit mütterlicherseits jüdischen wurzeln. samuel mago studiert derzeit transkulturelle kommunikation an der uni wien, arbeitet als antiziganismustrainer und für orf-radio-produktionen. 2014 sieger des redewettbewerbs *sag's multi* mit einer rede über roma, antiziganismus und toleranz. 2015 exil-jugend-literaturpreis. 2016 roma-literaturpreis des PEN-clubs. 2017 publizierte er in der edition exil zusammen mit seinem bruder károly mágó den erzählband „glücksmacher – e baxt romani" 13 kurzgeschichten aus der welt der roma.

Mura mamijake, mure paposke, mure phurenge,
mura Jeji lalake, mure phraleske,
mura familijake.
A Sabrinake.

Dav ma godji a Rózsika lalake anda Klauzál tér,
mura phura mamijake, a Annake anda Gózsdu udvar,
taj mure Béla nanoske anda Wollzeile.

Najisarav a Christake, e Mozesoske,
a Rabiake taj a Vesnake

O Bernsteyn taj e Roza

E ratjanca, mindig giljabimo, asaimo, vaj mudarimasko cipimo shundjolas, anda o lolo kher telal po numero inja. Ba pe kodo aprilosko mugjako djes varesar kade sas, sar khonjik chi phendon ch' ekh vorba ando *Klauzál* placo ande Peshta. Legmaj pe aver rig, kaj o masari, maumno sas. E bolta phandadi sas. O raj Viczmann, kon pal' o marimo pe *Vas* paruvadas peske familiako anav, kothe d' aba dulmut *kosherosko* mas chi na bikonjhas, hanem o majlasho thaj majlezno balesko mas ande sa o foro. Kade, chi trubulas te xalavel o mas, t' avel koshero e biboldenge, haj chi xaljas les e grizha e komunistendar, kon chi mukhenas e zhene te patjan ande khanjikasko Del. Atunchi inke vi trivar katji manusha avile ande bolta, sar dulmut. Ba adjes, ekh tabla sas pe phandado vudar, e vorbasa *zárva*.

O lolo kher tordjilas ando kolco, andej *Klauzálutca*. E palune bershenca aba but marimata taj revoluciji dikhlas. Shtar bersh palpale sas e bari revolucija ando bersh 1956. D' atunchara nas ketji but mule katka, sar akana. E glasura taj cipimata zurales shundjonas perdal po intrego placo. But zhene andaj Peshta krujinde avri kado becirko, chi avile kathe. vi kana majbutivar e chingarimata nas kade xojarichi thaj pal' ekh-duj chasura, sas pale pacha mashkar e manush. Hajkam majnem sako shon avelas e ambulanca ekhe vurdonesa thaj ingrelas-tar varikas. E manusha, kaske morcome trupura hurcolinde avri anda o kher, nas mudarde. Jekfar angla o numero panzh, unjivar angla o numero deshuduj, averdata angla o lolo kher tordjilas o vurdon. Kodi phende, hoj divatosho sas, te mudaren pe a peshtake manush.

Kadi vorba phirdas, hoj o raj Vas, kon ande anglunji etazha trajilas peska familijasa, bare rovimasa beshlas andre and' ekh ambulancako vurdon pasha peski shej. E Rebekka feri deshefta bershengi sas. Kadi vorba shundjolas, hoj ande rat tista zalime rakhle la ando pato. Apal izdrajimasa xaljas e somsedon e grizha taj e dar. E phure zhuvlja peske dikhlenca po shero tordjonas po gango, andej angluni etazha. Von shuginas, marenas pengo shero, sar t'avilon kasavi bari tragedija, thaj krisisarde a familija Vas, kana dikhenas bengeske jakhenca pe lengo vudar. Thaj ande avljin, kaj mindig but zhene phirkeren, adjes khonjik chi das andre.

Kaj e Lakatoshura inke dopash ratjako phabolas o udud. Lengo kheresko vudar karing e avljin puterdjolas. O apartemento kasavo sas, sar e avera ande kado kher: Jekh konjha, jekh shpajzo thaj numa jekh bari soba. E Lakatos familija bari sas, nas len dosta than, taj pala kadi e dej jekh purani *shezlonja* kikidas po shpajzo. Jekh cini sovimaski soba kerdas kodolestar. Unjivar jekh strajino manush sutas kothe, kon pokonjhas lovenca a sobake. Kana slobodno sas e soba, o majterno shavo, o Tibor sutas andre. Vo vorta anda Légrádi avilas khere, anda kado peshtako kavehazo, kaj sar pinceri kerdas butji. V' adjes peska phejora, a Roza ingerdas pesa, te muntusarel la e bengale murshendar, kon piramnjake kamle te len la. E Rozhika igen shukar sas. Inke kana peska phejange chorre, pharrade gada phiradas, varesar bara patjivasa gelas pala khelimaski parketa. Atunchi unjivar kana phiradas peske uche papuchi, chusijas taj pelas. Majbutivar, kana voj kamlas te fajol ekhes anda l‘ barvale rajende, kon asandas pre la. B' atunchi chi trubundon la peske phraleski ushalin, ke voj shoha chi alosardas khanjikas. Mindig asajimo dicholas pe lako melaxno muj, so pherdo sas seplevura. Jekh cerra pe peski sama buzhangli sas, ba shoha chi gelon varikasa, kon mindig phirkerelas pala late.

Lako dad taj laki dej uladenas jekh-avrestar, thaj pala kodo, hoj o dad kothe mukhlas peska familja, o Tibor trubulas te grizhij, te teredij a familijasa. Numa butivar xasardas peske love, kana kartjazindas e romane lavutarenca dopash ratjako.

O Tibor phandadas o vudar pala peste. Sar mindig, leski dej leshijas pe peske shavoren. Kadi rat nasule vorbenca rakhas len, so shundjolas pal' e Rebekka. O Tibor taj e Roza beshle tele, shunenas lake vorbi, taj daba patjanas so pecisajle. E Rozhika feri cerra maj ternji sas la shejatar, kon jekh etazha opral zumadas, ba chi birindas te mudarel pes. Voj mishto pinzharlas a Rebekka, butivar gelas lende, ke laki amalni sas. Numa kodo shoha chi gindindon, hoj e Rebekka birijas te zumavel te gatij pesko trajo. *So shaj t' avelas kade nasul*, pushlas pes, *ke varikon korkori pes te mudarel?*

Inke pal' unji djesa kade gelas e traba sar mindig. E Rebekka pale sas khere, pe laki kor jekh shebo dicholas. *Lazhajlas te zhal avri po gango*, shugdolinde e phure zhuvlja andej avljin. E masareski bolta aba pale puterdi sas, makar chi o dad tordjilas pal' o pulto, hanem ekh sano kuzino katar e familija Vas. Kana gelas kothe e raji Lakatos te kinel ande sar sako djes, aba pushlas sar sas a Rebekkako sastjimo, thaj shinadas lenge pesko azhutimo. Selduj familiji lashe somsedura sas. O raj Vas mindig uzhe jilesa shutas rigate o majshukar kotor guruvano mas, so p'a romnjaki ashundi zumi gelas andre, peske khereske xumeresa, so *csipetke* busholas. Taj e raji Lakatos, voj pala lende bishadas opre peske phraleske shaves, e Imres a lavutasa, kana shundas, hoj e familija Vas goston zhukarlas. Kana o Imre kezdindas te bashavel lende, o raj Vas mindig sa barikanes khelelas, hoj v' ekh primashostar shaj cirdavel e biboldenge gilja. Kado, hoj o Imre numa dujto primashi sas ando Légrádi, thaj ek kata l' maj chorre, kodo aba chi azbalas les.

Ba akana e raji Lakatos chi tromajlas te marel pe lengo vudar. *Devlam, so keros t' avos pe lengo than*?, pushlas pes, sigo trivar pej phuv chungardas taj shutas trushul pe peste. Lake shavora sas lako sasto trajo. O majbaro shavo, o Attila, aba peska romnjasa taj shejasa perdal o podo ande Óbuda muchisarde pes. Xutjilde 'kh bileta, thaj kodolasa las peske jekh tanachosko kher. E maj bari shej, e Aranka, peske romesa taj peske duje shejanca beshelas ande lole khereski avljin, jekh etazha opral katar peski dej. E dujto shej unji bersh palpale ando Bechi nashlas-tar, kana sas e 56-engi revolucija. Lake lila kade ginavelas e Marika, sar aver zhene e *Marksosko manifesto*. Biztosho sas, hoj e bershenca so avena, o Tibor kam colaxarela varikasa taj kam muchila pe p' ekh aver kher. Taj atunchi ashela korkori, feri a maj cinja Rozhikasa. Thaj e strajine manushenca, kon lovenge avilon taj gelon-tar anda lako kher.

Kana e butjanca kaj konjhas ando vast taj e gindonca pa peski shej ando shero das andre ando kher, a Rozhikasa rakhas pes. Kadi fugasa nashlas anda kher. Majnem kethane maladjilas lasa. O guruvano mas chusindas anda lako vast, taj voj daba birindas te xutjilel les. O mas majnem p' a Rozhikaki parnji bluza pelon. Jekh baro paso shutas palpale, taj e Rozhika chumidas peska da thaj buchuzindas: *Ka dikhas amen, dale! Akanik soro djes pe tjiri zumi gindino.* E Marika barikanes asandas, thaj dikhlas pe Rozhika, sar gelas-tar te kerel butji.

E Lakatosura shoha nas aba barvale. Ba de' kata o dad nashlas-tar, a da musaj sas kethane te kidel sako fileri, te aven le trajimaske love. O intrego trajo peske romesa trajilas, taj shoha chi trubulas te kerel butji. Akana bari zor trubulas. Unji lovenge voj konjhas purane kostimura, bluzi taj gada ando zaloghazo, xaladas le, suvelas kethane e gadenge xiva, neve kochaka suvelas pre le taj lashardas le sa harniko. E neve gada shaj bikonjhas aba maj but lovende pe kurkesko piaco. E intrego familjake d' aba shoha nas dosta love. Atunchi e Rozhika maj inti getondas e shkola thaj andej salamaki fabrika andej *Sípos* vuljica las voj te kerel butji. E butjarenge igen pelas pe dragomaste. E zhuvlja sa anda butjarenge familiji avile, thaj von chi zhanenas, so te keren jekha xasarda romana lavutareska shejasa. Sako deteharin phujatar nakhlas dopash foro, te butjazij andej fabrika ekhe chorre potjinimaske. Vi andej fabrika bute murshen fajolas e shukar romnji, kon mashkar a paprikaki sung thaj e balengi gojaki khand kerlas lenca butji. Jekh butjako sherutno d' aba but kurke zumadas te kezdij lasa. Sako djes pushelas latar, hoj kamel te piel lesa jekh tea vaj jekh kaveva. *Ottokám, tu zhanes aba, hoj Romnji sim*, phendas leske jokhar. *Ba kodo chi azbal ma, sheje*, das vov angle. *De man azbal. Jekhvar ekh shukare mosko romano primashi kam lel ma romnjake, muro drago Otto. Thaj atunchi shaj te pias tea pe muro bijav.* Zh' akana chi jekh mursh chi birindas te chorel a Rozhikako jilo. Chi o Otto, chi e avera but gazhe, kon aba kamenas te mangaven la. Hoj sostar mindig phure butjara sas, kaske vasteski sung kasavi sas, sar e bera taj e balengi shib, voj chi hatjarlas. Ke voj sas dosta loshali, te diljarel lengo shero taj te khelel lenca, kana avri gelas and'ekh pauza te piel ekh thuvalji.

Kana khere gelas, ka o portashi tele das peski uniforma, puterdas peske bal taj shutas peske sheresko halovo ande peski cinji kalji trasta. Voj shordas jekh cerra parfimo pe peski kor, te garavel a salamaki sung, thaj nakhlas paj fabrikaki kapuva pej vuljica. Andaj luludjaki bolta, so ande *dob utca* sas, jekha phura zhuvlja, kon thuvalji cirdas, das lasho djes. *Chumidav tjo vast, Irén! Kajgodi ushtavela tjo punro, o drago Dejl luludja te bararel!*, cipindas pe late, boldas pe pej *Klauzál utca*, taj xasajlas ande lolo kher. Kasavi lashi sung sas andre, sar kana purum peken po chiken, thaj kasavi lashi sas, sar peska daki guruvani zumi. Kade baxtales das shol, hoj ande intrego avljin shundjolas. Laka dako vudar puterdo sas. Opre akastindas pesko zubuno. Kana boldas pe, zurales darajlas. Jekh strajino manush tordjilas andej konjha thaj pelas jekh cigareta. Pre la dikhlas. *Kon san tu?*, pushlas les. Krecone balengo sas. Melaxno taj markansho sas lesko muj. Beretvasa rangli sas leski faca, po baro nakh jakhengi glazha. Kale jakha, bare princhanja, leske gadeske baja opre cirdine sas, jekh sano mursh. Lasha vojasa cirdas anda peski cigareta, taj loshasa dikhlas sar voj chudij pe. *Vi me shaj te pushav tut kodo*, phendas, thaj dikhlas ande lake jakha. *Te xal tut o lazhavo. Me kathe beshav. Thaj kon san tu, tromav te pushav?*, shundjolas lako hango maj zurales. *Lokhes, lokhes, chiriklorije!*, vo phendas. *Chiriklori?*, voj pushlas sa xoljame. *Kadi gili. E Pacsirta, e chiriklori. Kada gilja shol dan, na? Na te xal tut e grizha. Me sovav tumende lovende. Chi asho but vrama*, das vov anglal. E Marika avilas andej konjha taj das peska sha lasho djes: *No, dikhav, hoj aba pinzhares amare neve berlevos*. E Rozhika mishkindas pesko shero. Laki dej las avri vareso anda bov thaj bare hangosa shutas les tele. O terno mursh khoslas pej kalca peske vasta taj duj bare pasura shutas karing e shej. *Ivan Bernsteyn*, phendas, taj las lako vast. E shej chi phendas chi jekh vorba. *Thaj tjo patjivalo anav?*, pushlas. *Róza*, phendas, kana laki dej mashkar lende avilas. *Mashkar ame andej familija, Rozhika kharas la*. E shej xojajlas thaj dikhlas pe peski dej. *Che bilondo zheno!*, gindindas.

O kham gelas tar, taj ande avljin po falo pashjolas o tunjariko, kana jekh sano raklo pe konjhako vudar mardas. Vorta kodo raklo sas, kon a rajake Lakatosa e deteharin ande masareski bolta mas bikindas. Jekh vaso inkrelas pe pesko vast taj xoxamne asaimasa cipindas paj vudareski feljestra. *Chumidav tje vast, raji Marika! Avav anda o sholet*, phendas, taj opre vazdas o vaso. *Ova, t' as baxtalo, muro shavo. Av andre. Tehara opre ingro tumende o vaso*, atunchi jekh minuta das pe gindo. *Ande igen phare vrama trajin tumen kadal' djes...*, voj phendas grizhake mosa. *No mishto-j, muro shavo, chi kamav te ashavav tut kata o shabbato. Zha-ta opre. Phen tje chaladoske, hoj t' aven saste-veste, mishto?*, phendas. *Mishto-j! Chumidav tje vast, raji Marika! Devlesa, Rozhika!*, phendas, phandadas o vudar, taj leske pasura shundjonas opral andaj opruni etazha. *Sholet kodo-j?*, pushlas o Ivan, kana andej konjha avilas taj o vaso dikhlas. *Va. E Vas familija beshel po numero efta taj shabbato slavin*, phendas e Marika. *Parashtune mindig tele bishaven a Rebek...*, voj mucilas. *No, parashtujine tele bishaven varikas, thaj ame kiravas lenge mizmereske o sholet. Jekh biboldengo xabe si kodo. Zhanes, e biboldenge naj slobodo te kiraven ando shabba... ba tu chi san...?*, opre cirdas peske princhani. O mursh asandas, peske sheresa phendas *ova*, taj opre phabardas jek thuvjali. *Gindindem. Anda tjo anav taj... no... normalishan pushos e rajes Vas, hoj shaj te slavisares lenca. Ba mashkar kasave zhungale trabi, zhanes...* O Ivan shindas lake vorbi: *Raji Marika, o chachimo te phenav, de katar mure dadesko taj mura dako merimo, d' aba chi slavisardem shabbato. Me chi dikhav, ke si fontosho.* E Marika khinimasa shutas jekh vaso pashaj zumi pej mesalja. *Nu akak lokjol muro ilo, muro shavo! Ke balengo perkelto kiradem.* Asandas o mursh, taj maj opre cirdas peske gadeske baja. Numa jokharsa e Rozhika dikhlas e numeria pe lesko vast. Vorta pe kodo momento o Tibor das andre. Atunchi avilas v' e Aranka, peske romesa thaj peske shejanca katar o apartemento opral. Tele beshenas taj xanas.

Pal' o xabe, e familija gelas opre pej anglunji etazha. A Arankako rom jekh televizija kindas varekastar. V' e somsedosko raklo andaj dujto etazha pushlas len, hoj tromal te dikhel lenca. O Tibor peske shogorosa zumadas te cirdel opre e antena. Savora zhene e parni-kali, ratjaki emisija leshinas. Kathar o somsedosko kher shundjolas a Vas familijako *shabbatosko* rudjimo: *Barux ata adonoj, eloxejnu melex haolam, asher kideshanu bemicvotav, vecivanu lehadlik ner shel shabbat kodesh.* E Aranka mishkindas pesko shero: *Dikhen! V' e somsedura mangen e Devles, te lasharel amari mashina!* E Marika xoljarikone mosa dikhlas pre late, pune savora zhene asande.

E Rozhika gelas-tar avri po gango. Laki dej zhanelas hoj pijel cigareta. Hajkam shoha chi tromajlon opre te phabarel angla late. E chache rigatar jokharsa ekh vast avilas angla late thaj das la jag. *Jekh chiriklori ando thuv. Kasavo shukarimo aba de dulmut chi dikhlem*, phendas o Ivan. *Phandav tjo muj, me chi kamav te khares ma kade*, phendas sa xoljariko thaj cirdas pe peski cigareta, *so keres katka? Sostar chi beshes anglaj mashina?* O Ivan asandas. Dikhlas pe late thaj numa lokhes das anglal. *O trajo kade sigo nashel-tar, hoj me chi kamav te dikhav bivorbako chasonca p' ekh moxto*, phendas. *Tu san fotografo, na?*, pushlas e Rozhika. Vov asandas. *Da, da. Chachimo phenes. Ba e fotografija si mange varesar ekh intrego kaver traba. Me astarav ekh momento. Vareso, so fajol ma. So si mange drago. E fotografija si sar ekh gili. E televizija numa-j propaganda*, phendas. *Sostar vorbis tu mindig kade buzhanles taj barikanes?*, voj pushlas. *No, thaj akanak korkoro sim tusa. Kodo naj dosta, chiriklorije?*, pale asandas o biboldo. *Phendem tuke na te khares ma kade!*, phendas e Rozhika, pe lesko vast dikhlas taj atunchi pale vorta dikhlas. Varekastar aba shundas kadale numerendar. Voj pinzharlas bute zhenen kaske njamon mudarnas len andej lagera. Ba shoha chi dikhlas voj kasavi traba. Chi tromajlas te pushel.

Birkenau, phendas o Ivan. Vorta dikhlas. Peske mosa asandas, peske jakhenca aba na. *Inke shavoro simas. Desh-u-shtare bershengo*. Azbandas la, so vov phendas, ande stingo vast las peski cigareta thaj pe leste dikhlas. *Pharo-j mange*. Jekh cerra bunujas voj, hoj kade xoljarikones dasas lesa duma. *Simas pe kadi vrama desh-u-shtare bershengo ando lageri sar biboldo, aj kodo mure dadesa, mura adasa thaj mure phralenca. Akak sim ekh mursh ande bershende, katka, bifamiliako thaj maj but chi sim biboldo aba*. Zurales cirdas pe peski thuvjali. *E manush parudjon. Thaj unjivar aven parude*. E Rozhika chi phendas ch' ekh vorba. Chi zhanglas so te phenel. *Kames dzhelato?*, pushlas la o Ivan. *Va*, das angle. *Shukar, apal tehara sikhavo tuke 'kh fajno kavehazo, te kamesa*. E Rozsika sa zalime sas. Kadi rat chi phendas chi maj ekh vorba.

Ande kaver djes pune butji sakofelo phirdas andej Rozhikako shero. Voj nas e maj godjaver romni, ba angluni data hatjarlas, ketji baxt sas laka familija. Lako dad nashlas-tar, ba inke trajilas, varekaj ande Peshta. Ande baro marimo, but-but ezera Romen ingrenas vonatonca kothe, kathar chi avile palpale. Voj tordjilas kaj ekh mashina, thaj pej butji voj xasardas pe. Chi azbalas la, e chikenali vaj e gojaki khand.

Kana pala mizmeri khere gelas andaj fabrika, aba de dural pinzhardas e Bernsteynos. Jekh sakovo phiradas, pash e lole kheresko zido kikidas pes, thaj sa baxtalo pelas ekh cigareta. Azhukarlas la. *Zhas-tar?*, vov pushlas. *Akanik?*, pushlas e romni. *Da, akanik. Sigo phandaven o kavehazo. Av-ta, chiriklorije!* E Rozhika katja data chi das anglal. Von nashenas, boldenas andre pej Kraljeski vuljica, apal duj vuljici majdur andej *Kazinczy utca*. Ando kolco jek purano kavehazo sas, kaj andre denas. Kasavi sung sas, sar kana phabol o kasht, taj varesavi sung, so voj chi pinzhardas. Tele beshle p' ekh kolco. *Duj citromosha sorbetura mangas*, boldas pe late, *kodo-j o maj lasho guglimo katka. Patjas ma, na?*, pushlas o biboldo. E Rozhika e sheresa phendas *ova. Tu pinzhares kado kavehazo?*, e Rozhika las peske 'kh cigareta lestar, thaj manglas les te del la jag. *Kana ande Peshta sim, mindig kathe avav. Me beshos katka, jokhar dulmut, ba numa skurto vrama*, pej feljestra sikhadjas. *Kothe sas amaro pato, pasha leste e Haraszty familijako taj o Weisz familijako. E ghettosko zido pe kado vuljicako gor sas, angla e Kraljeski vuljica*. Ditjolas, sar kadala gindura te na azbadon les. Sa mezijas sar te vorbij vov numa pa peske baxtale ternimaske bershora. E Rozhika chi na pushlas maj but. E citromosho sorbeta avilas.

Von duj zhene sas e maj palune gostura. O pinceri kethane kidas lenge chare thaj kucha thaj von pokinde so sas pokinimaske. *Kames te phirkeras pej vuljici ekh cerra?*, pushlas o Bernsteyn. O kham aba feri ekh semo peklas tele. Zhika o dunerako parto gele. Kathar e dujto tramvajoski stacija shukares shaj dikhle po foljovo, po palaco taj pe slobodimasko sobro pe Gellértesko plaj. *Phen mange, so kerel jekh kasavi zhuvlji sar tu and' ekh salamaki fabrika?*, vov pushlas, lesko dumo sikhavlas pej Dunera thaj selduj vastenca xutjildas e sastra so sas shute, te na perel andre. *Butji si butji. Si mange sajekh, hoj e salama sar ekh gili si, vaj feri propaganda-j. Rodav mange love thaj sako kurko shaj ingrav manca ekh intrego salama khere. Jekh, so doshalo-j so naj bikinimaske. So maj but nashtig bikinen.*

O Bernsteyn asandas. *Mishto, hatjarav. Shoha nas tuke ch' ekh suno?*, pushlas thaj shinadas lake 'kh cigareta. Voj las jek. *Sar te na. Jokhar zho mange ando Bechi. Kam colaxaro jekhe shukare mosko, romane primashosa. Anda 'k rajkani familia. Thaj atunchi zho lesa mura phejate. Jekfar, valamikor, valahara,* mothodas les. *Hatjarav. Nu, te gilabel pej lavuta, kodo hajkam shaj sitjuvos. ba sar t' avos ekh Rom, no kodo aba chi zhanav...*, vov phendas ekhe bengale asaimasa. *Musaj si te sitjares mange, sar te zhal kodo, chiriklorije*. Akana vi lake sas te asal.

Engedelmo mangav, shaj te kerav tutar jekh fotografija?, pushlas taj avri cirdas ekh kamera anda peske zubuneski posotji. E vorba *Zorki*, o anav katar jek sovjeticko firma sas iskirime opre pe glazha. Shutas peski cigareta pej phuv. *Mandar?*, voj pushlas. *Va, zhikaj o kham inke dosta zurales pekel taj tji cigareta phabol*, phendas. Voj lashardas peske bal, dikhlas tele pe peski parnji bluza taj peski luludjali coxa thaj vortosardas le. *Shaj asas pre ma, chirikorije?* E Roza asandas.

Ratjate kana pale avile pe lole khereski avljin, andej Marikako apartemento chi phabolas o udud. Khonjik nas khere. E Rozhika gelas pej anglunji etazha taj mardas pej Arankako vudar. E Aranka puterdas. Jekh ratjako gad phiradas, po vast peska shejora xutjildas. *T'as baxtali. Zhanes kaj amari dej?*, pushlas. *Voj si kutka ande Óbuda kaj o Attila. Musaj te ashel pashaj cinji shejori. Numa tehara avla palpale, pala mizmeri, pal' o kurkesko piaco.* E Rozhika anda shero mishkindas. *Taj o Tibi?*, pushlas. *Vo kerel butji ando Metro Hotel soro ratji*, phendas e Aranka. E Rozhika pashilas pe late. *Taj so te kerav akak e biboldesa?*, pushlas latar. *Maj chak avri gindin tuke vareso, phejorije. Ker leske 'k kaveja, te ashen tumen opre maj but vrama,* phendas e Aranka, aj asandos opre cirdas peske princhanji. Apal chumidas peska pheja pe sham thaj phandadas o vudar.

O Ivan ande avljin azhukarlas. E Rozhika mothodas leske, hoj kadi rat korkora kam ashen. Pushlas les, te kamela jekh kavea. *Mishto,* phendas o Bernsteyn thaj pe shezlonja beshlas. Kodo, hoj jokharsa sostar fajolas la kaditji majpalal nashti hatjarlas. Khonjik shoha chi pinzhardon avri, so pecisajlas ando shpajzo kadi ratji. Thaj kade chi e phure zhuvlja po gango shoha chi birindon te mothon penge bengale shibenca pala kadi afera.

Aver deteharin ande pesko pato pashjolas e Róza, lako phral ushtavelas la opre. Kurke e salamaki fabrika phandadi sas. E Marika sas ando piaco thaj o Bernsteyn aba majinti gelas-tar anda o kher. Hoj kaj gelas, chi phendas. Ratjanca peska dasa kiradas e Rozhika. Kana o Ivan khere avilas, selduj kade kerde pe sar khanchi te na pecisajlon. Makar denas duma jekh-avresa, de numa kaditji sar trubulas.

E Róza khanjikasa chi vorbindas pa kodo, so hatjarlas. Chi azbajlon peska da, te voj ekhe biboldesa colaxardon. Jekhe gazhesa anglunes hajkam ch' avilon kaditji baxtali. Aba desar kadi rat o Ivan varesar aver shandes sas aba. Soro djes sas po drom. Sostar sas kadej, kodi aba voj chi na zhanelas.

Jekh kurko nashlas, kana o raj Bernsteyn buchuzindas a Marikatar, e love pej konjhaki mesala shutas, najisardas lake sakofeloske thaj gelas-tar. E Rozhika feri jekh-duj chasura majpalal avilas khere andaj fabrika. Tela pesko sherand rakhlas kadi fotografija, savi o Ivan pasha-j

Dunera kerdas latar. Nashtig buchuzindas lestar.

Pej djesa so avile, igen bibaxtali sas, chi vorbindas but. Kana laki familija pushlas, so si, sar si, opre xuklas, taj ka peski amalni, kaj Rebekka nashlas peske opre. Kadi shej aba maj lashes hatjarlas pe thaj vi pale tromajlas te zhal avri. De feri kasave puloverosa, so sharadas laki kor. E Rozhika kade gindindas, hoj numa e Rebekka hatjarlas laki grizha.

Ka angluno majushi sas o baro butjako djes, thaj kajgodi ando foro mashirozinde e manush te slavin kodo djes. Vi e Rozhika mashirozindas pej *Rákócy utca* peske kolegenicenca kathar e fabrika. E bibaxt taj e briga mukhlas pala peste taj pale asandas, kana peski fabrikaki uniforma phiradas. Kana ka dopash trushulesko drom, kaj *Kazinczy utca* nakhle-tar, hajkam o Ivan phirlas ande lako shero. Thaj apal jokharsa vov kothe tordjilas. Po sharko angla o kavehazo. Anglunes chi kamlas te patjal peske jakhenge. Chaches vov-i? B' atunchi dikhlas voj leski kali *Zorki* kamera pe lesko vast thaj jokharsa kade hatjarlas pe, sar mindjar zalija. Voj tordjilas p' ekh chepo, kethane kidas pe thaj kamlas kothe te zhal leste. Chi zhanglas so te phenelas leske, ba kamlas te vobij lesa. Drago Deloro, sostar gelas-tar atunchi bivorbako, kade, hoj chi buchuzindas latar? Atunchi lenge jakha maladjile. O Ivan tele shutas e kamera thaj vorta akana dikhlas e Rozhika jekha parne balengira zhuvlja, kon kikidas lesko vast taj pesko shero pe lesko phiko shutas. Jokharsa tordjardas pe, boldas pe taj khere nashlas-tar kathar e parada. Voj pizdas pestar pe pesko drom bute manushen, kon tordjonas pe lako drom taj kon bolde pe pala late.

Ande kado khamesko djes ando majushi apal varesar kade sas, sar khonjik chi phendon ch'ekh vorba ando *Klauzál* placo ande Peshta. Anda lolo kher telal po numero inja, jekha phura romnjako chingardimo shundjolas. Armaja das e Devleske taj atkozindas o cheri.

Akana vi o ambulanciako vurdon aba ive avilas. E terni romnji, kas anda o kher ingrenas, jekh intrego paketa *Dorlotin* praxoske mardas, and' ekh kuchi kaveva shordas andre taj pilas la. Ando lil, kaj buchuzindas, peske phralenge shejange mukhlas peske gada taj o shifonji, so pasha pesko pato shuto sas. Sa kadala butja, so sas la, haj khanchi aver nas la. Voj iskirindas, hoj a Irénatar, a zhuvjatar andaj luludjengi bolta ande *Dob utca*, las love unzhule. Hoj kadi zhuvlji chori si, thaj trubuj te pokinen lake palpale sako filleri kamatonca. Pash o lil sas ekh fotografija. Pe fotografijaki paluni rig iskirime sas e vorba *chiriklori*. E Ivanostar ch' iskirindas khanchi.

Ka o praxomo kongodi avilas. Karing shel zhene phirde pala lako koporshovo. E phure zhuvlja anda o lolo kher palal colaxarnas, hoj vi e dades, kon xasajlasas, dikhle les ande paluno rindo. Les krisisarde kadala bara tragediake. O Ivan Bernsteyn chi na avilas.

E trito soba

O trolibuso shindas perdal e mugija thaj a ulicaka lampako galbeno udud. Ande kadi vrama feri tunjarichi lubihara vaj xasarde bikinara drom marenas pe kadi peshtaki ulica. Ba kadi rat na numa e busosko shoferi taj duj mate mursha beshenas ando buso, ba v' ek shejori. Voj nas majbut sar deshe bershengi, phiradas vuneto bluza hedjesho gulerosa. Pej melali feljastra kikidas pesko shero thaj peske xarne bal khoslas anda pesko chikat. E daraimaske mursha nashti lenas latar penge jakha. Jek cinji shejori, pe kado chaso korkori-j ando trolibuso, kodo vi e matjarne manushen grizhijas. Xoljasa dikhlas voj vorta angle thaj rujas. Chi azbalas la, hoj dikhen von porrade jakhenca pe late. Voj numa khoslas e asva anda pesko muj. Bare glasosa ashadjilas o trolibuso ando Madách placo. E shejori huljindas pa buso tele.

Tele prastadas pej Majakovszkij ulica thaj nakhlas pasha e biboldenge ghettoske zidura. E purane khera daravenas la ando tunjariko. Lake pasongo bashimo kade shundjolas sar varekon gelon pala late. E xolji nakhlas-tar anda lako muj, thaj dar sikhadjilas ande lake jakha. Voj shutas sa maj bare pasura thaj las te phirel sa maj fugo. Kana reslas ande peska mamiako kher kaj dujto etazha, maj but nashtig kapindas lufto. Chengetindas. E Valeria bare jakhenca puterdas o ucho, kalo vudar. Lake bal sas opre tupirozime thaj sar mindig ek vuneto gad phiradas, so feri unji centimetrura opral lake changa reslas. Po gad sas la bolero sosa zumadas te usharavel pesko thulo trupo. Pe chucha phiravelas jekh oroslanoski brosha. Sako kon pinzharlas la shaj linon sama hoj o hurajimo so sas pe late sas o hurajimo, so phiravel pe khere,mashkar le shtar falura taj adjes inke voj nas avri pe vulica. *Joj Devlam ando cheri, so keres tu katka pe kadi vrama, sheje?*, pushlas thaj po gango dikhlas. *Kaj si tjiri dej?* E Anikó sa xoljariko tele dikhlas pe peska mamiake sane punre. Lake shuvle punre ditjonas anda lake najlonicka kalci. *Muri dej kodi phendas mange, hoj te zhav-tar*, phendas e shej, kidas pes pashaj thuli romnji haj nakhlas ando apartemento. E Valeria shutas e vasta pe pesko muj, motjogindas vareso, mishkindas pesko shero thaj phandadas o vudar. Mashkar e uche zidura, tela e kristalosko lusteri thaj po perzhiako colo hatjarlas pe e Anikó inke maj cini, sar so sas. E anglunji soba kade buhli sas, hoj v'ek shezlonja jekha kavejaka mesaljasa tordjolas kothe. E Valeria gejlas-tar a shejasa ande konjha thaj kote beshlas lasa. *No, motho mange akana so pecisajlas*, phendas voj aba maj domolo, ke voj lokhilas katar e parfimosho cigareta, so cirdas. E Anikó shoha chi kamlasas e thuveski khand, ba vi voj chudisajlas, kasava bara elegancijasa shaj shaj pelas laki mami jek cigareta. *Muri dej phendas mange, te xasajvav akatar. Opre thodas o padlovo, thaj kamlem te pushav la vareso*, phendas e Anikó. *Atunchi pej kingo uzho padlovo ushtilem taj... taj meljardem les. Apal kushlas ma thaj phendas te zhav-tar mange! Pala kodo lem muro zubuno haj avilem tute*, phendas e shej. *Suntone Marija ando rajo, kasavo dilimo chi zhukardem tutar. Thaj so te keras akana? Tjira da inke chi telefono naj. Voj merela a brigatar, haj tu...*, majsigo sar birindas te getij peski vorba chengetindas o telefono andej anglunji soba. E Valeria prastajas avri thaj opre las o aparato.

Halo? Halo? Kon-i kothe? Phande tjo muj, Juli! Te lazhas, tu taj tjo kopasno khanchesko gazho. E chori shejori sa daradi-j, chingardas po telefono. Laki shej sas pe aver gor a sirmako, thaj pe somsedkinjaki soba tordjilas. Kana zhungale vorbi cipindas laki mami po aparato, maj bare jakhenca shundas e Anikó thaj loshajlas ek cerra, hoj e romnji kasave glasosa das duma laka dasa. *Mishto-j*, phendas e Valeria, *phen leske te sidjarel.* Pala kodo tele shutas o telefono, pale gelas andej konjha thaj inke jokhar pasha peski unoka beshlas tele. *Dikhes save bajura keres mange, sheje*, phendas a Anikake, kikidas lako vast, pe peste cirdas la taj zorasa pizdas lako muj pe peske chucha. *Kana getija tjo dad peski butji kam avel te ingrel tut khere. Bokhali san?*, pushlas latar. *Va*, shundjilas a shejako glaso anda peska mamiako dekoltazho. P'ek praxosko charo mudardas voj o uzhar peska cigaretako, ushtjilas opre taj makhlas a Anikake duj manre chikenesa.

A Valeriako kher sas ando mashkar katar e bibol-dengo becirko. Mindig shundjolas ande leste varesavo hango vaj bashimo. Angla kodo bishe bershenca muchisajlas ande Gózsdu avljin vorta palaj 56-engi revolucija, pe kodi vrama trajinas inke duj familije ande dujto thaj ande trito soba. Vorta jek chacho tavarishongo kher. Kana e Sárközi familija nashlas-tar andaj mashkarutni soba ande strejini thema, e Valeria peske romesa thaj peske shtare shavorenca okupirisardas e Valeria kodo than. E familia Sárközi e kuch mebli thaj e purane faloske kipura nashtig las pesa po drom. Kade e Valeria kindas le lendar p'ek igen cikni ahor. Vi l‘ antikvitetura kindas but lezno e kavere manushendar, so e kherestar nashlesas ando njugato. O apartemento kerdjilas paso-pasostar laki rezidencija. Vi a Valeriako rom nashlas-tar anda Ungro. Kodo phenenas e rom, hoj na numa e bolshevikura nashade les anda o them, hanem vi leski romnji. Ke voj butivar marelas les peska papuchasa, kana shunelas e somsedkinjandar po gango, hoj lako rom xoxavel la varesave piramjanca. Akana a Anikako papo, beshelas ando Köln thaj bishavelas lenge shokolada, kaveja taj najlonicka harishnji thaj sapuja a poshtasa ande Peshta. E paketura anda njugato mindig dopash puterde resle lende opre. E granicara taj e poshtara mindig avri lenas jek kotor e bishavimastar. Hajkam dosta sas e trabi te keren pe igen barikanes anglaj peshtake Rom peske barvalimasa so resas len anda aver thema.

E phuri Márta, e biboldi trafikakinja, sas jeg bari stalinistkinja thaj beshelas ande trito soba. Kan mulas voj oxto-var-desh-thaj-oxto bershengi, okupirisardas e Valeria lako than thaj trajilas korkori ande kodo burzhuazno apartemento. Voj beshelas andej maj bari soba. E aver duj sobi delas strajinonge avri tala vast haj kodolasa shaj trajilas peske ‘k lasho trajo. Jek terni zhuvlji xarne somnakune balengi avilas andaj cini solgalokinjaki soba ande konjha. Feri ek najlonicko ratjako gad sas pe late thaj sar mindig ekha cigaretasa ando vast ~~taj~~ pe punreske naja nashkerlas krujal. Pala kodo kamlas te makhel pes, ke inke kamlas te zhal p’ek kupleraj te butjazij. Jekh zurali, luludjaki parfimoski sung das ande soba thaj nashadas e chikeneski khand. *Gindindem, hoj tjo hango shunav,* phendas a Anikake. *Kaj tji dej? So keres katka pe kadi ratjaki vrama, cinji dromarica?*, pushlas la thaj krecisardas lake xarne bal. E Anikó chi das anglal, feri chamblas pesko xabe majdur. *Dikh-ta, andem tuke vareso*, phendas thaj avri cirdas ek bonbono anda pesko brekh thaj shutas les pasha Anikako charo. E Valeria zorasa cirdas pe peski cigareta thaj kamlas te phenel vareso, ba e Cica chi mukhlas la: *zhanav, zhanav, rajo Valeria. Tehara pala mizmeri shuvo tuke a sobako potjinimo po shifonjeri. But rodo adjes, hatjarav kodo ande mure kokala*. E Valeria dikhlas kritichno pe late thaj opre cirdas peske princhani, so sas mindig kaljarde thaj igen sanes chupindas le. Maj sane sas, sar lake thuvalja. E Cica avri phurdas o thuv andej soba thaj pe porcelanosko praxosko charo mudardas a cigaretako zharo. Pala kodo chumidas a Anikaki sham. Lake salja khandenas nasules. E Anikó zhukarlas, zhikaj e Cica gelas-tar avri andaj konjha, thaj gracatar khoslas tele e chumidimaske vurmi anda peski sham. Voj kamelas a Cica. Sas la varesavo mirano thaj furchavo karisma.

O vudar puterdjilas thaj phandadjilas pale bare bashimasa. Jekh khamnji romnji das andre thaj shugindas armaja. E Valeria porradas peske jakha, xuklas opre thaj nashlas xurde pasonca ande angluni soba. *Piri, muri draga, so-j aba tusa?*, pushlas thaj mila las la a romnjatar. *Na xoljave pe mande, Valerije. Kodo bidevlesko lubihari, o Del te shinel tele lesko kar!*, das peske piramnes armaja e zhuvlji. E Anikó ando vudar tordjilas thaj chudisajlas pa lake vorbi. E Piroska lazhamnes shutas pesko vast po muj thaj e jakhenca manglas jertimo a Anikaka mamiatar. E Valeria boldas pe. *Muri shejori! Zha andre, taj an-ta a Piroskake ekh pohari paji*, phendas voj peska unokake thaj bishadas la ande konjha. A Anikake nas drago kana laki mami varesave vorbenca andaj soba avri bishadas la, vorta atunchi kana e Rom vorbinas chordanes pa maj interesantni thaj pa maj chudati trabi. Pharo dji cirdas e shej, taj gelas andej konjha. *Aba de trin djes chi dikhav kodole khandine xoxamnes. Sa o foro andre phirdem. Khanjikaj chi rakhlem les. Mukhel ma katka, te murdajvav bilovengo, e zhukela te xan ma*. E Valeria lashardas peske tupirozime bal, gelas pashaj romnji thaj das la angali. *Jaj, Piri, muri draga. Sa mishto avla. Na te xal tut e grizha anda sobako potjinimo. Shaj potjinen atunchi,, kana avel tumen love,* phendas, ba kasave hangosa, hoj te zhanel e romnji, hoj igen sigo trubul te shuvel e love po shifonjeri andej anglunji soba. E Anikó andas o paji. *Ah, najis tuke, muri shej*, phendas e Valeria thaj anzardas a Piroskake o taxtaj. E romnji feri jek cerra pilas, lashi rat kivanindas soldonge thaj andej trito soba gelas, kaj peske piramnesa beshelas.

Varikon mardas po vudar. E Valeria puterdas. Jek kushlo mursh tordjilas angla o vudar, ko nas inke tranda bershengo. Inke peski pinceroski uniforma phiradas. E zhuvlji bare jakhenca dikhlas peske zhamutres, taj mukhlas les ande. *No. Akana gata-j aba e paramicha, Madame*, phendas e Valeria peska unokake. *Hurav tu opre, muri shej*. E Anikó xoljasa dikhlas pe late. *Na,* phendas uzhe jilesa. *Me chi zho-tar*. Ande kado momento e Cica das andre pej anglunji soba. Peske jakha zelenona farbasa, pesko muj lole ruzhesa avri makhlo sas zurales. Jekh lungo, bruneto, nercosko morchako zubuno sas pe late. Telal numaj najlonicka harishnji *dichonas* thaj zeleni, uche papuchi. De dulmut phiravelas kadala gada. *Lashi ratji te del o Del, raja Zélig. D'aba dulmut chi dikhlem tut*, phendas a Anikake dadeske thaj anzardas les pesko vast. Vov bara zorasa zumadas, na te dikhel pe lake bare chucha, so jek cerra avri dichonas telal o zubuno. *Zhikaj averdata, dromarica!*, phendas a Anikake. *Me chi zhavtar. Asho katka*, das e Anikó anglal. *Chaches?*, asandas e Cica. *No, apal ka dikhas amen tehara mizmere.* Gelas-tar, taj prastandas andej kupleraj. *Av-ta aba, Anikó, sidjar! Naj ma vrama te leshij pe tute soro ratji. Le pe tute tje papuchi thaj zhas-tar*, phendas o Miklós Zélig peska shejake, xoljarikone glasosa. *Phendem tumenge aba, hoj ashav katka. Chi zho-tar tusa, tu bidevlesko lubiharona*, phendas palpale a Piroskake vorbi. Atunchi o Miklós zorasa shindas lake jek bari palma. E Anikó chi phendas khanchi. Apal rujas, vi dukhatar vi xoljatar. *Zha-tar kathar, vaj kade maro tjo shero, hoj chi tromasa te shos tjo punro maj but pe kado kher!*, cipindas e Valeria karing pesko zhamutro. O Miklós pharo dji cirdas. Mindig jek cerra darajlas a Valeriatar. *Mishto-j, rajo Valeria, atunchi tu shaj les sama pe kodi shej. De duma a Juliasa*, phendas taj gelas-tar. *Khanchesko*, shugindas e Valeria. *Av kathe, muri shej. Kasave vorbi inke jokhar chi kamav te shunav tutar!* E Anikó igen rujas. *Sa mishto avla, e mami lela sama*, domolisardas la e Valeria.

O aver djes, e Anikó korkori ushtjilas opre anda peska mamiako baro pato. Le phanrune fetsi shukares khandenas pa lako parfimo. Avral kasavo baro asaimo shundjilas sar te tordjilon o intrego teatro katar e ulica *körút* ande konjha. Ba numa e Valeria sas, kon peska phejasa, a Terézasa, hangoshan lasha vojasa pa kadala trabi vorbindas, so l' rom pe ulica vorbisaren. Selduj kade avri makhle sas, sar te avenas vorta anda *körútosko* teatro khere. E Anikó po vudar tordjilas. Peska mamiako ratjako gad sas pe late, so zhikaj phuv reslas. Majnem bechindas sar voj das ande konjha. *Teri lala!*, cipindas thaj kaj phuri romnji prastajas, kon kaj bari konjhaki mesala beshlas, thaj lasha vojasa kaveja anda njugato pilas. *T'as baxtali, shukar shejori!*, das la lasho djes. Tista kade mezijas e romnji, pe peski majternji phej, e Valeria. Numa lake bal galbeni sas, nas kale sar a Valeriake. Vi lako thulo per mezijas po per laka phejako. Kana e Anikó das andre andej konjha, jokharsa aba khonjik chi das ch'ek vorba. Na cerra loshajlon e shej te tromajlon te shunel e romnjango divano.

E Valeria peska unokake jekh kaveja thudesa shutas pej mesala, anre mardas, thaj duj parne manre boldas ando chiken taj peklas le avri. *Tji dej aba sas kathe. Phendem lake, te anel tuke gada thaj hoj aba katka ashesa pe mande unji kurke,* mothodas peska unokake, kon loshasa das la angali. Bare asaimasa dikhlas pe shej, sar xal, kana taj kana tele chupindas ek cino kotor manro, sar vorbindas a shejasa. *Kadi phenen le Rom, hoj e Mici kataj Dobutca pale pej vakacija gelas*, panaskodindas peska phejake, kon aba opre cirdas peske princhani. E garadi shib, so e phure vorbisaren, e Anikó aba dulmut sitjilisas. V'e romane vorbi hatjarlas, so laki familija a ungrikona shibasa hamijas. So shaj avelas kaditji nasul, te zhal numa ek manush varekaj hodinimaske, kodi nashtig hatjarelas. Thaj so-j kodi te shudel jek řomnji, kodo hatjarlas bershenca palal. *Mek zhal-tar peske te kerel peski hodina. Maj mishto te zhal-tar peske pe hodina, sar te avel la jeg muj maj but, so nastig xaxavela thaj kam ingrela ka peski dej.* E Teréz mishkindas pesko shero. *Chachimo-j, muri phenj. Kade inke si la slobodija, a chora.* Sodevar liduj kerenas kasavo felo sapachago majinti kana terne sas, pa kodo aba nas len bari voja te vorbin. Pa averenge bajura sas maj ushoro te vorbin sar pa pengere. *Lasho-j o xabe, muri shej?*, pushlas e Valeria thaj dikhlas, sar bara vojasa xaljas e Anikó.

Varekon chengetindas po vudar. E Anikó opre xuklas taj puterdas o vudar. O Tibor Lakatos tordjilas po gango thaj lazhavne mosa dikhlas pej phuv. Duj-trin kochaka kata pesko gad avri sas puterde thaj lesko kale balengo brekh dicholas. Pe lesko phiko shuto sas lesko mochuno zubuno, thaj ando vast inkrelas kremeshoske guglimata. *Servus Tiborkam! Kodo-j aba but kremeshoske guglimata! T' anav a Piroska?*, pushlas e shej. *Na, na, maj mishto avla, te zho me vorta pala late*, phendas taj andre das. *Dare kodo lashi ideja-j, Tiborkam?*, pushlas e Valeria. Lako hango shundjilas kadej, sar t'avilon anda khanchi vaj anda 'k aver luma. Dicholas, hoj shaj tele shudon peski papucha te marel les a papuchasa anda kher avri. *Sa mishto-j, Valeria, draga. Mukh les te avel andre, kodo khanchesko!*, phendas jek xoljariko glaso palal. E Piroska ka vudar tordjilas, pesko vast po khamno per shutas. Numa andaj Anikó chi kamlas te atkozij peske piramnes sakofelo zhungale vorbenca, so shaj gindindas avri, ke e Anikó tordjilas andej soba. *Kremesha andan mange? O sunto Del te lel tji zor anda tje kokala! Hoj meg kathe tromajlan t'aves*, phendas kasave lokhe glasosa, hoj v'e Valeria jek cerra darajlas. Avri cirdas o charo anda lesko vast, las tele o papiroshi, avri cirdas ek kremesho guglimo, thaj so kothe mukhlas, a sheja das. *Le, muri shejori. Shaj xas savora guglimata, te kames*. E Anikó igen lazhamnes asandas taj e charesa nashlas ande konjha. E Piroska boldas pe, cirdas e Tiboreski kalca karing peste thaj tele pizdas o pekimo mijno pe leske pele. *Kodo shaj shudrarel tut tele 'k cerra. Ko zhanel, kaj pizdan andre tjo kar e palune djes.* O rom kothe tordjilas morcome taj po plafono dikhlas. Jek asaimo nashtig garavlas e Valeri pe pesko drom ande konjha. *Pustis tu andre! Te shinel o Del tje khandine pele! Kasavo lazhavo san, te shinel tut o vilamo*, shundjilas andaj anglunji soba.

Andaj trito soba atunchi soro djes taj soro rat numa cipimo taj armaja shundjonas. Kana taj kana e Anikó shundas jekh nevi zhungali vorba, so apal sitjilas peske. Feri kana o Tibor gelas-tar te kerel butji, atunchi jek cerra maj lokhores avilas o chingarimo kaj Piroska. Karing desh bersh palalpale mudardas pes e Tiboreski phej. Andej Klauzal utca, kaj leski familija beshelas e Rom shuginas, hoj kadi tragedija igen zurales parrudas e gere romes. Taj kana vi leski dej mulas, aba butivar nashadas vov peski grizha leznona khereska retjiasa ande 'k kirchima pasha o kher. Sodevar zumavelas e Piroska te vorbisarel lesa, na te kartjazij-tar peske love, taj na te phirel ratjanca e romane lavutarende, kasa kerel butji ando restorano.

A Cica numa unjivar dikhlas e Anikó. Voj trajilas ek boldino trajo, phenkerelas e Valeria mindig, kana e Anikó pushlas la, sostar e Cica daba khere-j. Kodo nashtig hatjarelas so-j jek boldino trajo. Ba hoj igen interesantno taj zhuvindo shaj sas, kodo mishto zhanglas. Jekfar, kana e Valeria a Piroskasa gelas ka sastjari thaj korkori mukhlas peska unoka pe skurto vrama e Anikó sa chordanes das ande Cicaki soba. Xarne farbenge ratjake gada ande but fjal thaj najlonicka harishnji loginas p'ek parnji gadengi ruda. Telal sandali taj uche papuchi sas. Avral pekelas o kham ba o firhango kade sas cirdino andre, hoj sa tunjariko sas andej soba. Kasavi sung sas, sar cigaretengo thuv taj vi khandine punrengi sung. O pato aba lashardo sas. E Anikó das pe godji pa kadi, hoj jekfar laki mami xoljasa phendas a Cicake, hoj na te ingrel pesko kundshafto opre po apartemento. D' atunchara pushlas pes e Anikó, soske trabi bikindasas e Cica e zhenenge. *Dare ratjake gada?*, gindindas, kana pej gadengi ruda dikhlas. Krujal dikhlas, thaj igen zurales tholas kan te na avel varekon khere. Shoha nas kade trankilo sar akana. Voj gelas ka jek shifonjeri, kote shute sas angla 'k glinda but parfimoske flashki so sas anda njugato. Voj kapindas jek flashkica thaj sunglas pe late. Che lasha vojasa phurdon jek cerra pe peste. Ba nashti reskirozindas, hoj e Cica – vaj inke majnasul, laki mami – sama lon, hoj ande 'k kata kadala sobi andre gelas, kaj naj slobodo. Palpale shutas e flashkica thaj avri cirdas jekh fijoko anda o shifonjeri. But cine, sane, shtarekoshe paketura andaj plastika sas kothe andre. Kasave bonbonura inke shoha chi dikhlasas.

Avri puterdas e dujto lada, thaj jekh polaroidoski kamera dikhlas. Pasha kadalate cine fotografiji. Jek fotografija avri las, thaj dikhlas, a Cica, sar nanges pe pesko pato pashljol. Sigo palpale shutas e fotografija po fijoko, avri nashlas andaj soba thaj andre phandadas o vudar. Darades tordjilas atunchi andej anglunji soba. Musaj sas te zhanel laki mami, hoj e Cica nanges fotografiji kerel pa peste, vaj na? Ba te vorbindon lake, so dikhlasas, atunchi savora zhene zhanenas, hoj andre gelas voj ande la Cicaki soba. Mishkindas pesko shero, taj colaxardas, hoj shoha khanjikaske chi mothola, so dikhlas.

Parashtuj sas pala mizmeri. E Anikó andaj shkola avilas khere, peski trasta andej anglunji soba pej phuv shutas tele taj andej konjha dikhlas, hoj laki mami aba khere avilas. Andej anglunji soba jekh rupuno *rolleri* tordjilas, savo e Valeria peska unokake pe kerdjimasko djes kindasas ando zaloghazo. Las o *rolleri* po vast thaj pale po gango nashlas. Atunchi zurale glasura shundas. *Zha-tar tuke, purritorko!*, cipindas ek gazho perdal e *Gózsdu* avljin. E Anikó darajlas thaj pal o zido garudilas. Apal shundas lenge pasura ande avljin, dikhlas tele thaj sama las, hoj duj mursha, kon ballonosko zubuno phirade, jekha punrangla zhuvlja cirdkernas avri anda kher. Jekhe gazhes sas ek lolo semno opral e jakh. O semno kasavo baro sas, sar a Anikaki palma. E mursha darade la, de nas anglunji data, hoj kasavo dikhlas. Leshijas unji minutura zhi pon o baro vudar phandadjilas, feri atunchi ushtjilas opre thaj opre vazdas pesko *rolleri* kataj phuv. Majdur gelas po gango thaj pe kado vudar mardas, kaj o anav *PUKLER* iskirime sas. Jek elegantno, shukare mosko thaj krecone balengo manush lokhes puterdas o vudar thaj darades dikhlas avri. *Joj, chak tu san, Anikó*, phendas o raj Pukler, thaj lesko ilo lokhilo. Porrade jakhenca dikhlas avri po gango, pale shutas e kipa pe pesko shero, lashardas peske bal taj peske jakhenge glazhi. *Git shabbes!*, phendas, *a Andrea rodes, na?* Atunchi khardas peske shavoren taj ekh kale balengi shej, kade ternji sar e Anikó, prastajas zhi late. Angla la sikhadilas jek shukare mosko shavo bulhe phikenca. Desh-u-panzhe bershengo shaj sas, de biztoshan majphuro sas lo a Anikatar. Kana pasha late sas, e Anikó mindig ek cerra lazhajvelas. *Servus Andrea, Servus Tomi!*, das len lasho djes. *Zhas pej avljin te khelas e rollerosa?*, pushlas len izdraimasa. *Palpale te aven, maj anglal sar zhal-tar o kham tele*, hatjardan?, cipindas jekh zhuvlji andaj konjha. *Mishto-j, mama!*, phendas o Tamás thaj selduj tele zhanas palaj Anika paj trapti. Beshnas tele ka jek trapta angla e shellakosko manufakturako vudar. Kothe andej khereski avljin hangoske platnivura kerenas e manusha. Hatjardol, numa kasave, so e komunistura mukhenas te keren. Thaj unjivar v'ek *dzhezosko* platnivo katar o njugato. De numa losarde manushen, kon igen but love shaj potjinenas e giljange, so nas slobodo te bashaven. E Anikó kamlas te khelel e shellakonge kotorenca, so andaj bolta ande avljin shudkerenas. A Andreasa jek intrego palaco opre vazdesas. O Tamás cirdas anda peski zubunoski posotji jekh cigareta thaj phabardas la mashinasa. Krujal dikhlas, khonjik na te dikhel les. Lesko dad, o vero e bare rabinosko, kaj si lesko templo intjal ka o sharko, maj jeg data shinadon lesko kar, te zhanglon, hoj lesko shavo desar trin bersh cigareti pel. *Les jek?*, pushlas a Anika, kon nashtig las lestar peske jakha, desar tele beshlesas. Sikhadas peske sheresa hoj *na*, thaj lazhavales dikhlas pej phuv. Kade kamlon te chumidel e Tamásos, sajek hoj khandine thuvalja cirdas. Hoj so phendon leski dej, pa 'k terni romnji, kasko dad jek bidevlesko biboldo sas, kodo chi delas ande Anikako shero. *Aven aba, sikhavav tumenge jekh chordano gango*, shugindas o Tamás, taj pej phuv shudas peski cigareta. Paj trapti gele tele ande pinca. O terno shavo puterdas jek suro sastruno vudar. P' ek kasavo than ingerdas len, kaj sas but sirmi thaj kombura. Pa 'k dujto vudar nakhle pe 'k lungo tunjariko gango, de o vudar garado sas tala kablura thaj cavi. O Tamás peska posotjaka lampasa sikhadas o drom. Jekh fertaljosko chaso ingerdas len angle. Lesko kuzino sikhadasas leske kado garado, tang gango. Vov ando baro marimo, pe haburovoski vrama, maj anglal so rabi kerdjilas, ingerdas e bibolden perdal kado gango avri anda o ghetto. E Anikó darajlas, ba chi tromajlas te phenel ch' ek vorba. Chi kamlas, o Tamás te dikhel la daramnjake. Pe gangosko gor o Tamás avri puterdas jekh vudar anda plafono. O kham andre peklas po garado gango, katar ek cinji ulica pashaj Dunera. Sigo avri masinde thaj beshle peske tele p'ek banka pasha foljovo. O Tamás opre phabardas maj jek cigareta. *Te khelas amenge vareso!*, shugindas e Andrea. E Anikó pasha late avilas. *Sakon si te purrij avri jeg garadi traba. O jek, kon mothol o maj interesantno terteneto, kodo njerij!* E Tamásesko parno buko pherdo sas thuvesa, ba kamlasas te phenel *na*, kana e Anikó izdramnes phendas: *Ova! Te khelas! Te khelas! Ba musaj te colaxaras kodo, hoj ch' ek manusheske chi na purrisa avri so shunas!* E trin zhene colaxarde thaj e Andrea manglas a Anikatar te kezdij. Jek cerra das pe godji. Te mothol lenge o terteneto pa Cicake nange kipura anda o shifonjeri, garancijasa kam njerij o kheljimo. Ba so avla, kana liduj xoxavena la, thaj majdur purrin e garade vorbi a Valeriake? *No, phen-ta aba!*, manglas o Tamás. *Mishto-j*, kezdindas e Anikó, *kana jekfar andej Cicaki soba gelem andre, but-but fotografiji rakhlem kothe*. Pharo dji cirdas. *Thaj majdur?*, pushlas o shavo birebdimasko. *Shaj dikhlem lake nange chucha! Thaj lake kale zara kothe tele*, shugindas maj lokhe glasosa. O Tamás kade kerdas pe, hoj rucija les o terteneto. De chachimasa, nadjon kamlon te dikhel a Cicake kipura. *Thaj majdur?*, pushlas sa arogansho. Ba e Andrea bare jakhenca dikhlas pe Anikó thaj aba but trabi pushlas a shejatar, maj inti sar voj sas po rindo. *Akana tu aves!*, phendas e Anikó, thaj sikhadas pe sani rakli. *Mishto-j. Seres, sar phendem tuke, ke pe jivendeski vakacija zhastar amenge po vikendo kaj amari mami taj amaro papo? O chachimo kodo-j, hoj na kothe zhas, hanem kaj amari lala ande Ameri...* O Tamás opre xuklas thaj mardas peska phejaki chafa. *Dili san tu?*, shugindas xoljasa, kadej sar kamlon te cipij. *Colaxardam a mamake taj e tateske!* boldas pe a Anikake. Bare jakhenca dikhlas pe late. *Anikó!*, kezdindas, *colaxar tele angla o Dejl, pe tjire dadesko taj tjira dako trajo, hoj ch' ek manusheske chi phenes kodo, so shundan akana!* Xutjildas lako phiko thaj kade xoljariko dikhlas pe lake jakha, sar o beng te dinon ande leste. Jek cerra daradas la. *Colaxarav!*, phendas e Anikó taj mishkindas e sheresa.

Aver djes lungo vrama sutas e Anikó. Kana ushtjilas, e Cica vorta kata peski butji avilas khere thaj tele das pe te sovel. *Dikh la, kadi zhuvlji aba chi dikhel o kham*, shundjas e Anikó peski mami, sar panaskodij paj Cica peske vorbenca. Peska phejasa beshlas ande shezlonja. Selduj kaveja pijenas anda somnakune porcelanoske kucha thaj pe 'k kristalosko thuvaljako charo shute penge cigaretengo praxo. *No akarsar si, kodo phendas mange, hoj aratji pala mizmeri duje komunistake mursha astarde a raja Rigó taj ingerde la anda kher. Che baro bezex, e geri romnji.* Apal dikhlas e Teréz, hoj e Anikó pal' o vudar tordjol, thaj sikhadas peska phejake te phandel pesko muj. *Lashi detehara, muri shej!*, phendas e Valeria. *Besh tele andej konjha, tjo deteharinako xabe aba pej mesala-j.*

Selduje romnjan chumidas pe sham thaj majdur gelas. Po drom andej konjha varekon mardas po vudar. *Me putrav!*, cipindas e Anikó thaj gelas ka vudar. Jekh tranda bershengi gazhi tordjilas po gango thaj balonosko zubuno sas pe late. Anda jek pinzhardas lako muj. E *Schutzfrau* sas. E shej patjivales das lasho djes. E palune kurke, aba butivar sas voj katka thaj pushkerlas palaj Piroska, hoj sar-i laki butji taj sar-i lako sastimo. E khamnji romnji vorta geli sas ka peski dej haj pala kodo e Anikó boldas pe, thaj cipindas e Tiborosko anav. A Piroskako piramno dopash sovljardo avilas andaj trito soba. Soro ratji butji kerdasas, haj igen khinjilasas. *Lasho djes, tavarish!*, phendas e *Schutzfrau* kedveshones. *Lasho djes. Sar shaj zhutij tuke?*, pushlas o Tibor. *Si man jek termino a dejorasa*, mothodas leske. O Tibor chudisajlas. *A dejorasa? Chi patjav kodo, manush-nijo*, phendas zavarime taj das pe godji pe peski dej, kaj aba muli sas. *Ba soske? E dejori naj katka?*, pushlas palaj Piroska. *E dejori? Na. E dejori naj kathe*, phendas o Tibor taj zurales chudisajlas pa gajzhake zhungale vorbi. *Naj khere? Gelas-tar?*, pushlas. *Ova! E dejori aba dulmut ge-las-tar amendar,* vov mothodas. *Chaches? Ba ando paluno kurko maladilem a dejorasa katka,* das voj anglal. E Tibores antunchi las les e prikezhija. *Paluno kurko? Muri draga, xoxadjos. Mishto zhanav, hoj nashtig rakhadjilon katka a dejorasa,* phendas izdraimasa ando glaso. *Ba kaj-i aba e dejori akana? Munchisajlas?*, pushlas thaj das pe godji, hoj dare po chacho vudar mardasas? *E dejori?*, pushlas o Tibor thaj sa maj but xoljajlas. *E dejori pej murmunci-j.* E zhuvlji chudisajlas. *Pej murmunci?*, pushlas. *Va. Telal dikhel e krumpli,* cipindas o Tibor. *Akana zelenimata bi-kinen e Rom andej murmunci?*, pushlas voj sa zavarime.

Sar chi hatjares, o Del te aldij tut!, phendas vov xoljasa. *E dejori pe Petrusosko vudar mardasas aba kothe opre*. E gazhi kethane cirdas peske princhani. *Paluno kurko jekh termino kerdem lasa!*, voj phendas. *CHI HATJARES? VOJ MULAS!*, chingardas. *MULAS?*, cipindas pale. *Sar shaj te avel kodo? Me dikhlem la inke...*, angla lake jakha e Piroska mashkar krumpli taj shaxa pashljilas muli ande kodo pato, kaj inke jekh kurko anglal dikhlasas la. *Joj, kade pharo-j mange, tavarish*, voj phendas. *Mangav tut, zha-tar anda muro kher*, das o Tibor xoljasa angle, *kasave zhungale khelimastar dukhal muri djomra! Zha Devlesa!* Zorasa ande phandadas o vudar thaj e gazhi bare asvenca nashlas tele andej anglunji etazha. Pe l' trapti das pe Piroska. Kasave bare hangosa chingardas, hoj ande sa o kher shundjilas. Sar te dikhlon ekhe mules. E Piroska zumadas te domolisarel la.

Che dili, shibali gazhi, shugindas o Tibor, kana palpale gelas andej soba tele te pashljol. Vorta kana kamlas te sovel-tar, leski piramni avilas andre thaj kezdindas te chingarel zurales: *Diljajlan? Xasardan tjo shero, tu khanchesko? Sostar daradan kadala gera gajzha? MULI?*, cipindas. *Muli sim tuke?*, pushlas les. *Na, na, Piri! Feri kadi pushlas man e gazhi aba, hoj kaj si muri dejori!*, zumadas te mothol lake, so pecisajlas. *Kadi gazhi e Schutzfrau si, dileja!*, cipindas. *So-j kodo?*, vov pushlas. *Ande intrego them, sakona khamnja zhuvlja si jekh Schutzfrau! Kodo si zakono, tu khanchesko! Sostar chi zhanes kodo? Sako kurko avel mande, te dikhel, hoj sar zhal muri traba taj sar si o shavoro! Te avilanas khere jekh cerra majbutivar thaj te na mindig tje love getondanas, atunchi dikhlanas aba jokhar kadala gajzha, khandineja, matjarnikoneja!* O

Tibor mishkindas pesko shero. Lazhajlas, hoj chi hatjarlas a gajzhake vorbi. Apal opre huradas pes, chi phendas ch' ek vorba, thaj xoljasa mukhlas o apartemento. E Piri beshlas tele pe shezlonja pashaj pheja. *Lav mange 'k, Valerije*, phendas, xutjildas a romnjako cigaretako dobozo thaj opre phabardas peske ek cigareta. *Sar na, muri draga. Devlam, kasavo tumulto, halta-balta. Shun chak kathe. Pheno tuke, so te keres kadale dilinesa!*, phendas voj a terna romnjake thaj kamlas te purrij avri pesko maj intrigantno plano, kana jokharsa e Anikó tordjilas angla lende taj tholas kan interesirime pe lenge vorbi. *Muri shejori, zha andej konjha taj an-ta tja Teri lalake maj' ek pohari paji, xav tjo jiloro!*, phendas sar mindig, te del drom a Anika. *Nashtig, mamo,* phendas e Anikó sa seriozno. *O hazmeshteri tele phandadas o paji*, mothodas. *So kerdas?*, chudisajlas e Valeria, opre xuklas taj peska phejasa taj a Piroskasa nashlas andej konjha, te kontrolij *e* pajesko chapo. Kana palpale avile, e Anikó bare asaimasa beshlas pe shezlonja. *Tu rafinaltno kanjhalo*, asandas vi e Valeria pa pesko khelavimo thaj khoslas lake bal selduje vastenca. *No mishto-j. Shaj ashos kathe, ba atunchi xutjil ande tjo muj, atjares ma?*, phendas a Anikake, kon sikhadas peske sheresa, hoj mishto-j. *Shun-chak, Piri, sheje! Phenav tuke so shaj keres kadale khancheskosa...*

Kana o Tibor but chasura palal avilas khere, e Piri nas aba kothe. Lashi rat das a Valeria, kon bare jakhenca beshlas andej anglunji soba. Atunchi gelas vov andej najimaski soba, kaj ando lavoro kamlas te thovel pe. Jekh baro chingarimo nakhlas perdal pa intrego kher, inke vi a Cica opre ushtjadas anda lako suno. *Kadi lubnji!*, cipindas o Tibor, jekhe kindjarde gadesa ando vast. Leski piramni shutasas leski pinceroski uniforma ande duj bare pira pherdo paji. Vi o frako taj a morchake papuchi pe sapujesko paji kindjardasas. Vorta kade trubundas tuke, gindindas e Valeria, kon lasha vojasa pilas peski kaveja, sar khanchi te na pecisajlon. *Sa mishto-j, Tiborkam?*, pushlas sane asaimasa. O Tibor nashlas andaj najimaski soba taj armaja das a Piroska sakone pasosa. Voj rimosardas leski jek butjaki uniforma. Kadi jek so numa sas les. Pala unji minutura avri avlas andaj trito soba jekhe morchune koferosa ando vast. *Phen kadala lubnjake, te pustij pe thaj te na rodel ma shoha aba!*, phendas vov a Valeriake. *Ba Tiborkám*, das angle daradi anda kodo, hoj lako plano shaj phirdas ek cerra majdur, sar kamlasas. *De logodime san a Pirijasa! Musaj te les la romnjake!*, phendas voj taj opre xuklas. *ME?*, cipindas o Tibor, kana aba ando vudar tordjilas, *te lel la o Del, vov lo inke bi romnjako!* Andre chaladas o vudar taj gelas-tar. E Valeria trushul shutas pe peste. So kerdasas? Akak e Piroska nashti pokinela ch' ek filero a sobake.

Aver djes a Anikako dad kodo mothodas lenge, hoj lesko vortako, o Tibi las lestar unzhule jekh uniforma. O Miklós lestar jekh shero maj cikno sas thaj e Miklóseske kalcake heruja leske numa zhikaj changa resenas. Kado kaditji asavadas a Valeria, hoj chi azbadas la a Piroskako potjinimo a sobake.

E kurke so avile igen phare sas a Piroskake. O Tibor inkerdas peski vorba, thaj pala o bajo e sapujeske pajesa chi maj das duma a Piroskasa. Lako per barilas thaj de akanara musaj sas te rodel love peska familiatar, pala pesko trajo. Bare dikhle phiravelas, kade phirdas sa o foro. Khamnjako hurajimo pe kadi vrama phares rakhelas pe, chi ande efta-var-deshenge bersh ande komunistengo Ungro, chi ando njugato. Ba barvale lali vaj nanura nas khanjikas ande kadi vrama ande Peshta. Savora zhene zumavenas te roden trajimaske love ande kadale phare vrami.

A Anikaki dej avilas kana taj kana ka Valeriako kher, te rodel opre peska sha, ba majbut te kerel kade, ke lashi dej t' avelas. Numa chachimasa savora zhene zhanenas, hoj chi voj chi lako rom chi grizhinas so avla penga shejasa. E Anikó chi phendas khanchi, ke o trajo kaj laki mami akarsar maj baxtako taj maj interesantno sas, sar kaj laki dej.

E palune kurkenca chi pecisajlas khanchi nevo a Cicasa. E ratjanca gelas avri e kherestar, mindig mizmere avilas khere, butivar pe kadi vrama, kana e Anikó andaj shkola avilas khere. Pala mizmeri sutas, thaj kade a Anika chi dikhlas la butivar. Nas aba kade kivanchi te zhal pale andej Cicaki soba. Anda kodo, hoj nange kipura dikhlas kothe, de vi anda kodo, hoj chi kamlas te sungal lake punreske khandine paja kothe.

Vi e Anikó las sama, hoj sakodata, kana e *Schutzfrau* phendas hoj avela, e Cica shoha chi avilas khere. E gazhi sar ekh varesavi oficialno bolnicharka las sama pe Piroska, thaj vi a Anikaki mami kade inkerdas pe angla late, hoj feri igen dural das lasa duma. Zh' akana numa ande sovjeticka propagandake filmura paj Amerika dikhlasas e Anikó shpionura taj purritora. De ke e *Schutzfrau* jekh igen kedvesho zhuvlji sas uzhe jilesa, kodo nas a Anikake pushimo, kodo mishto zhanglas.

Maj but e Anikó das a Piroska zor. Butivar chasonca delas lasa duma. Lako muj chi kamlas te phandadjol. E Anikó majnem majbut vrama nakhavelas a Piroskasa, sar peska amalnasa, a Andreasa. De katar kodo divano pasha dunerako parto, o Tamás kade kerdas pe, sar chi kamelas te avel pasha Valeriako vudar. Vi kana e Valeria leske dades, e bibolde elektrikaros anda somsedosko apartemento, khardas peste, te lasharel jek rumume lampa, numa kade gelas lesa o shavo, hoj zorasa cirdasas les kothe. Chi dikhlas andej Anikake jakha, kana o sersamo anzardas peske dadeske. Voj nashtig garuvelas, hoj kodo azbadas la. Anda kodo chordas jekh chokano anda lengo sersamosko moxto, taj ande peski trasta shutas les andre. Kana o raj Pukler getindas peski butji, khere bishadas e Tamásos. E Anikó pe shezlonja beshlas, taj zumadas te shunel, pa sos vorbisarel kade chordanes taj diskretno laki mami e rasa Puklerosa, ba chi hatjarlas ch' ek vorba. Feri e bare love shaj dikhlasas e Anikó, so pe peski sakovoski posotji shutas o biboldo, sar avri gelas andaj konjha. *Jek igen kuch elektrikari, kodo Pukler*, gindisajlas.

Pe aver djes kana khere avilas andaj shkola, pej phuv shutas peski trasta, taj vorta ande peski mamiaki soba gelas andre. E Valeria inke nas khere, ba andej soba jokharsa jekh antiko, kashtuno chaso tordjilas, v' ek marvanjoski mesala shtare jugendstiloske skaminenca thaj jekh andre vulome perzhiako colo tordjilas banges ka o falo. Kikido pashaj mebli, klembindas jekh skamin anda ebenfako kasht, pasha kodoleste but ulejoske kipura ekh p' avreste. Kade hatjarlas pe e Anikó, sar and' ek piaco t' avilon. Chi zhanglas, kathar andas laki mami jokharsa sa kadala shukar trabi. Tele beshlas po skamin, unji minutura klembindas pe angle taj palpale thaj aba zhanglas, hoj rakhlasas pesko nevo maj kamado skamin pe intrego apartamento.

Laki mami zhi akana nas khere. Atunchi avri las e Anikó, anda peski shkolaki trasta o chokano, so aratji chordasas, avri gelas anda apartemento thaj mardas pe Puklerosko familjako vudar. E raji Pukler puterdas, thaj igen patjivales manglas la e Anikó, te kharel voj peske rakles ka vudar. *So keres katka?*, pushlas o Tamás taxome hangosa. *Servus Tomi. Aratji bisterdan amende kado chokano*, voj phendas taj das les o sersamo. Zavarime najisardas o Tamás thaj aba kamlas te phandavel o vudar. *Sostar chi maj kheles manca? Chi kames ma majbut?*, pushlas e Anikó jokharsa, ba vov chi das angle. *Zhi kana ashen inke kathe?*, voj pushlas. O Tamás bare jakhenca dikhlas pe late. *Xutjil ande tjo muj*, shugindas, *phendem tuke, hoj khanjikaske chi tromas te phenes ch' ek vorba, tu dilije chapladije! Hatjares ma? Thaj akana rande tu mandar!* Phandadas o vudar. Sostar parrudas pes kade o Tamás, gindindas. Palpale gelas ande peska mamiako apartemento, taj andej anglunji soba tele khoslas peske asva. *Anikó! So pecisajlas?*, pushlas e Piroska grizhime. E Anikó chak mishkindas pesko shero taj rujas. *Av-ta manca!*, shugindas e romnji taj ingerdas la pesa ande peski soba. Chumidan *les?*, pushlas e Piroska. E Anikó darades dikhlas pe late. Kathar zhanglasas, hoj kamel e rakles? *Naj bajo. Sama lem, sar dikhes pe leste. Kodo normalno-j, phendas. Vorta kade dikhlem le Tibis, kana po kamimo pelem lesa. Taj atunchi sama lem, hoj feri khandino xoxamno-j. Hajkam kathe sim. Taj vorta sar tjiri mami, vi me shaj kerav lasho trajo bilesko. Te del o Del, inke maj feder sar kadale khancheskesa.* E Anikó chi zhanglas, hoj e Piroska kamlas te del la zor, vaj numa kamlas te kerel peske maj lashi voja. Akarsar sas. Lake vorbi zhutinas lake te bistrel e Tamasoske zhungale vorbi. *No, phen mange, so pecisajlas?*, pushlas e Piroska. *Jaj Piri. Kade loshajlem te purrij tuke, sostar dukhal muro jilo. Ba nashtig. Colaxardem*, phendas e Anikó thaj pharo dji cirdas. E Piroska opre cirdas peske princhanji taj asandas. *Shun-chak. Sakona colaxake rakhadjlo drab. Phen mange sako vorba, pa soste colaxardan!*, pushlas latar. *Colaxardem pe mure dadesko taj mura dako trajo, hoj chi jekhe manusheske chi pheno kodo, so shundem*, mothodas lake e Tamásoske vorbi. *Aha! Jekh pinzhardi colax. Te phendanas mange, vareso nasul pecija pe tje phurenca, chachimo-j?* E Aniko sikhadas peske sheresa, hoj *da*. *No mishto-j*, phendas e Piroska, *ba so pecij, te phenes kodo, so naj slobodo varekaske, kon naj manush thaj tista veletleno vi me shuno tje vorbi?*, voj pushlas. *Ba sar te kerav kodo?*, pushlas e Anikó thaj lake jakha fimlanas. E Piroska xutjildas jek purani pharradi plisheski medva. *Vov naj manush, chachimo-j?*, shugindas. E Anikó opre xuklas taj kapindas e plishesko alato anda lako vast. Kade izdralas, hoj tele shindjilas ek rupuni kochak a medvatar, voj chumidas les taj sa mothodas leske. Voj vorbindas pa Tamásoske cigareti, pa Andreako xoxaimo, pa jivendeski vakacija, paj amerikaki lala taj pa kodo, hoj kade pharo avelas lako jilo, kaj gele-tar liduj, sar o papu gelas-tar. E rupuni kockak e intrego vrama pe pesko vast kikidasas. Feri pa o garado gango chi purrindas khanchi.

Kodo chi kamlas avri te phenel. A Piroska xalas la e grizha, kana shundas a shako divano. Mishto zhanglas, hoj igen phare sas kadala vorbi. Thaj hoj igen fontosho sas, hoj chaches khonjik aver chi shundas kadala vorbi sar numa voj taj e *teddymedva*. Domolo dikhlas pej Anika thaj zumadas igen lokhes te vorbisarel lasa. *Muri shejori, naj bajo thaj khanchi na pecila tusa. Ba musaj te hatjares, hoj trubuj te zhutis tje amalen. Manca kanagodi shaj des duma, ke tje teddymedva, mindig pra but taj sakofelo vorbij, aba sa mothodas mange. Ba musaj zurales te zumavas te ashol kado terteneto mashkar amende trinende, mishto-j?*, pushlas e Piroska. E Anikó mishkindas pesko shero thaj pe laki angali pelas. Varikon mardas pe Piroskako vudar, taj jokharsa igen xalas la e grizha, kana pej kijaki xiv dikhlas. Avri ushtadas pharimasa anda pato, ke igen pharo sas lako per taj vi lako dumo dukhalas. Avri puterdas o vudar. E *Schutzfrau* tordjilas andej anglunji soba. *Jertisar ma, chi kamlem te rucinav tu, ba puterdo sas e kheresko vudar*, mothodas, *thaj gindindem, hoj feder-i te zhav andre, hoj na te trubus tu t' aves avri pe kodi lungo soba tje bare peresa, tavarish*. E Piroska morcosajlas. E gazhi sas o agorutno manush, kon sas te shunel a Anikake vorbi. Bishadas a sha avri andaj soba, phendas lake te phandavel o vudar taj andre mukhlas a gajzha. E Anikó kade kerdas, sar voj phendas. Atunchi pe rupuni kochak dikhlas, so sas ande lako vast, shutas la ande peski posotji taj nashlas andej bari soba.

A Anikaki dej kurke angla mizmeri avilas kaj Valeria. E Anikó taj laki mami aba andej anglunji soba leshinas pe late, thaj kana voj andre das, avri zhanas lasa anda kher. E trin zhuvlja tele flanirozinde pej Majakovszkij ulica, vorta ka forosko mashkar. Andej palune shel bersh aba shovar parrude a vuljicako anav. Sako nevo rezhimo aver shandes sholas o anav, jekhvar pe njamcicko, aver data pe ungricko shib. De katar e vrama kana e rusura andre mashirozinde ando Ungro, von denas a vuljicake oficialno jekhe sovjetoske poetosko anav, ba savora zhene ando biboldengo becirko majdur kade phende hoj *kraleski vuljica*. A Anikaki dej kado djes jekh cerra maj elegantno sas huradi sar pe aver djesa. E Valeria pale, pala pesko sokashi majnem sas lezhero opre huradi. Jekh vuneto panruni coxa phiradas taj jekh sakovo, so vorta andaj kadi phanri suvadas peske, sar so sas e coxa. Pe laki kor jekh thulo somnakuno lanco logindas, pe peske naja kasave angrushnja phiradas, save e disidentondar kindasas, so nashle-tar anda pengo kher. *Devla mamo*, shugindas e Valeria peska shejake. *Te lel avri jekhe boldimaske e intrego bari sala ando Café Gerbeaud. Kodo feri e phuri Szénási shaj potjinel avri*, panaskodindas voj pa 'k romane lavutareski romnji. *Che shukar, hoj kade das o Del, hoj vi amen kothe zhas adjes, na sheje?*, pushlas a Anikaki dej taj kade asandas, sar mindig. E Aniko igen bara loshasa kamlas te xal ek *Dobos* torta kothe. *Shundan kaske lavutaren kharde penge?*, pushlas e Julia. *Majnem e intrego romani banda anda o Hotel Royal bashavela kothe, kadi shundem*. E Valeria opre cirdas peske princhanji. E cimbalmoshes, kon ande kado hoteli bashavelas, igen mishto pinzharelas voj. Kana lako rom nashlas-tar anda Ungro, kado cimbalmoshi zhutindas lake te bistrel peske bare briga – kade hoj leski romnji chi zhanglas kodo.

Kana e romnja andre dine ando Café Gerbeaud, anglunes inke chi beshle tele. Kade kerde pen, sar te vorbinas pa 'k igen fontosho traba jekh-avresa, zhikaj e raji Szénási xoxamne asaimasa gelas pala lende. Mishto zhanglas, hoj e Valeria shoha chi mukhlon avri jekh kasavo baro mulachago. Vi kodo zhanglas, hoj musaj sas te mangel len andre, vi te nas len invitacija. Atunchi vi voj kheldas kado teatro, hoj feri o Dejl ingerdas e trine romnjan kado djes angla mizmeri vorta ande kado kavehazo ande forosko mashkar, taj apal manglas len te beshen tele and' ek paluno kolco.

Pe 'k pauza o cimbalboshi kaj a Valeriaki mesala avilas thaj manglas la te phenel jekh romani gili, jekh *nóta*. Mashkar l' Rom igen ashundo sas lako hango. Khonjik nashtig gilabelas kasava brigasa taj tragedijasa, sar e phuri Valeria andaj *Gózsdu* avljin. Hoj sostar chi avilasas gilabajitorka laki mami, kodi shoha chi hatjarlas e Anikó. Feri but vrama majpalal phenelas lake e Valeria kodo, hoj so zhukarnas ekha romnjatar, jekha datar, kas shtar shavora sas, ande kadi vrama. Thaj kodo, hoj ande kadi vrama mindig kodo phenenas e Rom pa ek gilabajitorka vaj pa 'k teatrista, hoj kasavo boldino trajo musaj sas te trajil, sar e raji Cica. Kana a Valeriaki gili getisajlas, igen zuralo aplauzo shundjolas ando kavehazo. Jokharsa but zhene avenas karing late. Kade zurales mangenas latar, te gilabel maj' ek gili, kade sar mindig, e Valeria v' adjes feri jekh gili giljabadas.

Pala mizmeri peska unokasa gelas khere e Valeria. Buchuzindas a Juliatar andej ulica *Körút*, thaj dikhenas pala late, sar prastadas kaj trolibusoski stacija ando *Madách* placo. E Valeria barikanes gelas khere pej ulica, xutjildas peska unokako vast, thaj majopre vazdas peski falka, sar normalno. Unji metrura angla lako kheresko vudar jokharsa ashadjilas. E *Schutzfrau* tordjilas pe kaver ulicako rig thaj pesko balonosko zubuno phiradas. Pasha late sas duj gazhe. Voj das pe godji, hoj e Piroska manglas la te lel sama, ke gindindasas, hoj e *Schutzfrau* shaj shundon pa Pukleronge planura. *Me pinzharav kodole gazhes*, phendas e Anikó, kana dikhlas o olo semno opral katar leski jakh. *Vov astardasas a phura Rigó, thaj ingerdasas la pesa. Dikhlem kodo*, mothodas e Anikó peska mamiake. E Valeria tele bangilas pasha late. Normalno zurali sas, de akanik izdralas lako glaso. *Anikó!*, shugindas, *le sama so phenav tuke, shunes ma? Sigo nash opre thaj mar zorasa pe Pukleresko vudar. Phen leske, hoj e raji Valeria phendas, hoj jokharsa musaj te zhan-tar.* E Anikó hatjarlas, hoj igen fontosho sas te kerel so manglas laki mami. Voj mishkindas pesko shero taj avri mukhlas peska mamiako vast. E paja shordjonas pa late. *Nash-tar, muri shej!*, phendas e Valeria darasa. Kerdas pe sar te asandas taj jokharsa gelas lokhores pe kaver ulicaki rig. *Ah, tavarishkinjo! Mindig loshav te dikhav tut amende pej vuljica Majakovszkij*, cipindas a gajzhake dural thaj pa sakofelo das duma lasa taj e duje strajinonca.

E Anikó nashlas opre pa trepti. Gelas vorta perdal o gango thaj pharo dji cirdas kana pe Pukleresko vudar mardas. Khonjik chi puterdas o vudar avri. E paja shordile anda lako chikat. Maj jokhar mardas po vudar, aba inke maj zurales. *So kames pale katka?*, cipindas o Tamás. E Aniko chi las sama lestar. *Phen tje dadeske, hoj e Valeria phendas, jokharsa musaj te zhan-tar. Duj mursha, kon balonosko zubuno phiraven, angla o kher tordjon, shunes?*, mothodas sa izdraimasa. O Tamás bare jakhenca dikhlas pe late, phares las o lufto, pala kodo boldas pes thaj andre nashlas ando apartemento. *Dade! Daje! Aven te astaren amen, musaj te zhas!*, phendas o raklo. Unji momentura nakhle, thaj e intrego familija shtare pherde koferonca nashlas anda apartemento tele andej pinca. E Anikó pala lende nashlas. O raj Pukler puterdas a pincako vudar. Andaj avljin shundjonas pasura, taj a Valeriako zuralo glaso. E Familija Pukler pe garado gango nashlas. E Andrea palpale dikhlas thaj kamlas te buchuzij a Anikatar, ba laki dej aba cirdkerdas la majdur. O Tamás puterdas o garado vudar palaj kabelura thaj cevi. Atunchi tordjilas, taj chumidas a Anika po muj. *Köszönöm!*, najisardas. E Anikó e rupuni kochak so tele pharradasas a medvatar, avri las anda peski posotji, thaj pala leste shudas la. O Tamás xutjildas la a phuvjatar, phandadas o vudar taj nashlas. E Anikó pej shudri phuv beshlas tele. Chi tromajlas te zhal opre. E *Schutzfrau* taj e duj gazhe inke ando kher sas le? Sar sas laki mami? E Pukler familija reslasas kaj Dunera? Voj maladas lokhes te rovel. Unji chasura palal avilas avri andaj pinca.

Anglamizmeri ande Valeriako apartemento igen baro bashajimo sas. Savora zhene pej najimaski soba kide pe, te thoven pe thaj makhen pe e mulachagoske. Jekh cinji shejori, ko nevo kerdjilas, rujas andej trito soba. E Anikó prastajas ka shejorako pato thaj las peska shejora ande angali. *Na rov aba, Pirike, sheje*, shugindas thaj peski chuchi das la te xaxavel la. Kade busholas e shejori, sar e romnji, kon ande Valeriako kher beshlasas. E Piroska but bersh anglal anda apartemento andej *Gózsdu* avljin nashlisas ando Bechi peske shavesa. Atunchi sar solgalo-kinja kerlas butji kothe. Iskirindas a Anikake lila, hoj kaj ek phuri, biboldi ungrojka rakhlasas butji. Kadi biboldica ande forosko mashkar, andej *Wollzeile* beshlas peske raklesa. E Valeria jekh somnakuni Davidoski cherhaj dasas la sar ajandiko, angla kodo, sar nashlas-tar. Kodi medajla logijas pe lako lanco, thaj igen zhutindas lake te rakhel kadi butji.

Chi e Cica chi beshlas aba maj but kothe ande Valeriako apartemento. Kapindasas ekh bileta te kinel jek panelosko apartemento ande Óbuda. Peska phejasa gelas voj kothe te trajij. Unjivar rodindas opre a Valeria te pijel ek kaveja lasa taj te shunel, so voj panaskodij pa l' Rom ando becirko.

A Anikaki mami das andre andej trito soba. Barikanes asandas thaj shimogindas a cinja Piroskake sane, kale bal. Lako vast aba lelas lokhes te izdral, e vrama mijni vurmi mukhlas pasha lake jakha. *De ma tja shejora, thaj zha-tar, muri shej! Musaj te resas ando Gerbeaud pal ek dopash chaso aba,* mothodas a Anikake. E bari sala nashtig potjinelas e Valeria peska unokake bish-taj-ekhto kerdjimaske djeseske. De jekha bara mesalake aba sas la dosta love. Varikon mardas po vudar taj a Anikako rom puterdas avri. E terni romnji avri avilas andej anglunji soba. O Géza jekhe paketosa tordjilas angla late. *Sako bersh t' al kade*, asandas pre la thaj das peska romnja o paketo. Aba o trito bersh avilas lake ajandiko andaj Amerika pe lako kerdjimasko djes. *JAKOB JEDERMAN* sas iskirime po paketo, sar mindig. Feri unji djesa maj anglal iskirindas e Anikó a Piroskake 'k lil, hoj vi kado bersh zhukardas jek bishavimo andaj Amerika. E Anikó choral bizijas, hoj a Piroskake aven varesave kontaktura perdal o sastruno firhango. Kodolenca shaj rakhela avri, kon bishavel a Anikake kadala paketura. Ande pesko jilo voj hatjardas, hoj zhanel aba kastar aven le, de inke nas kade biztosho. Puterdas o paketo, avri las o ragogumi taj e chokolada thaj igen chudisajlas paj *Levi'seski* farmelicko kalca, so sas andre. Chi akana ch' ek lil, ch' ek karta nas andre. Te varikon shundon, hoj e Anikó taj laki mami zhutisardesas a Pukler familijake te nashen-tar, aba selduje romnjan bishadon-tar. Vorta kothe bishadon le, kathar e raji Rigó shoha ch' avilas palpale. Grizhime dikhlas e Anikó pe shusho kartono. Atunchi inke jokhar andre xutjildas thaj igen asandas. *Dilije, chak akana kapindan jekh originalno amerikaki Levi`s kalca, thaj maj zurales losharel tut kodi cini metaloski kochak?,* pushlas o Géza thaj pe kochak dikhlas, kaj sas pe lako vast. E Valeria ande trito sobako vudar tordjilas. Pe lako vast e shejori pashljolas. Kade dikhlas palaj Anika, sar kamelas te pushel la vareso. E Anikó feri asandas pre la, taj e sheresa *ova* phendas. *Hajdi, uccu! Musaj te zhas*, voj phendas. Opre hurade penge zubunura thaj avri gele anda apartemento. E Anikó kikidas e kochak pe angluno sobako falo thaj mudardas o udud. E kristalosko lustero jekh cerrica vilamlindas, apal tunjariko sas. *Jek igen kuch elektrikari, kodo Pukler*, gindindas e Anikó.

O sheftari somnakasko

Bare glasosa puterdjolas andre o somnakuno vudar andej vuljica *Wollzeile* 35 pash e bolta, kaj trasti bikinenas. Shil sas ando kher. Jekh terno rom, balonosko zubuno phiradas, jekha thulja koloposha romnjasa gelas opre pe anglunji etazha thaj chengetindas po vudar. Vo xutjildas pesko kolopo ando vast thaj bipachako palpale lashardas peske bal. Leski lala bivorbako zhukarlas pasha leste, zhikaj ekh thuvalo, purano hango shundjilas perdal o vudar. *Kon-i? So kamen?* E koloposho romnji kikidas peski trasta maj zurales pe peski sani bunda. *Chumidav tje vast, raji Sara, me sim, o Balogh József. Maladjimo si man tje shavesa.* Ando vudar jekh cigni feljastra puterdjilas taj ekh phuri zhuvlji pesko parno muj pizdas pej cikni feljastra po vudar. Kana meg pinzhardas e romes, lako dikhimo parudas pe. Lako hango majlokho kerdjilas thaj voj las te asal. *Ah, tu san? Che shukar shavo tu san.* O vudar puterdjilas, thaj e phuri zhuvlji, kon majbut sar inja-var-deshe bershengi musaj sas te avel, lasha vojasa manglas len te aven andre. O József Balogh taj leski lala chi shute tele pengo zubuno, feri andej beshimaski soba gele. Shtar meterura uche sas e falura, katar e xivali parketa zhi kaj kinge pajeske thana po plafono. Oxto efta-vastenge menori thaj duje xanukake memeljara anda xarkuma fimlinde andej vitrina, sar and' ekh bolta. Kasavi sung sas, sar ande pinca.

E phuri zhuvli jekh charo guglimatenca shutas pej mesalja. *Me korkori peklem kadala*, phendas sa barikanes, *anglaj revolucija ando bersh 56 sas ma jekh kavehazo kaj peke guglimata bikinos, zhanes. Le tuke taj xa, muro shukar shavo.* E Józseski lala vorta akana dikhlas, sar ek gindako, ekh chotanji nashlas anda praxalo kolco zhi kaj konjha. *Najisaras tuke, ba vorta anda o kavehazo avilam,* phendas so maj sigo, hoj lake phralesko shavo chi reslas te del anglal. E raji Sara asaimasa dikhlas pej Józseski lala thaj apal pe leste. *De shukar-i tji romnji. Aven, ingrav tumen mure shaveste. LEO!*, cipindas atunchi, *LEO! Kunchaft si kathe!* O Józsi taj leski lala asaimasa dikhenas p' ekhavreste, taj gele pala late.

Jek suro firhango logijas ande kaver sobako mashkar. Jekh cerra balengo, naj ucho mursh bare jakhenge glazhanca avilas avri kothar, das e Józses taj leska lala lasho djes, thaj manglas le, te aven lesa perdal o firhango. *No, muro kedvesho romaijako amal, so shaj* zhutij pre tu?, pherasazindas o raj Leo thaj asandas. *Kamlomas te kinav ek lanco mura phejake thaj ek somnakuno dujtovo mure dadeske.* O Leo kamlas te del anglal ba o firhango puterdjilas taj leski dej phendas: *Kamen te zumaven mure guglimata? Zhanen, angla tranda bersh, kana inke ando Ungro beshlam*... O raj Leo shindas laki vorba, *muri dej, mangav tut, shefto kerav akana!* Zumadas te kikidel la avri. *Shefto? Tu keres kasave sheftura, sar jekh biknari, kon maces gomboci biknel ando Vatikano.* O Leo phandadas o vudar thaj cirdas-tar o firhango. *Mishto, jekh lanco kames,* phendas, jekh dobozo xutjildas, jekh burnjik somnakune lancura cirdas avri, sar o manush ando piaco o shuklo shax, thaj pej mesala shutas le. *Nu? Nu? Si mashkar lende ´kh, so tecij tuke?*, sikhadas e chache vastesa po somnakaj.

E romnji igen chudisajlas, thaj ekh cerra darajlas. *Sar te phenav, raja Leo, maj feder ekh maj sano lanco rodav, hajkam jekhe trushulesa sar medajla*, phendas o shavo. *Aha! Le cirkusoshe akrobatos... na te xal tut e grizha.* O *trushulindo. Kodolestar but-i amen,* phendas o raj Leo, pe peski andruni posotji shutas pesko vast, taj maj ek burnjik lancura cirdas avri: *Nu? Savo avilo?* O Józsi dikhlas pe lende taj chi loshajlas. *Mishto-j, hatjarav*, phendas o Leo birebdimasko, *kamav te sheftolij tumare niponca. Tumen zhanen, so kamen. Tumen, e indianura, chi san tume kade kaver amendar*, phendas. O Józsi chi zhanglas, hoj o biboldo uzhe jilesa phendas kadal vorbi, vaj sar azbaljimo. Shoha chi kushlon les o raj Leo e vorbenca *Zigeuner,* ba nashti hatjarlas so kamlas te phenel kadal' vorbenca. *No mishto-j, dikh-ta kathe,* phendas o sheftari somnakasko, pala lende gelas taj avri cirdas jek cinji shkatulja, kaj trin lancura sas andre, trushulenca. O Józsi taj leski lala anda penge jakhengo kolco dikhenas p' ekh-avreste, kade, hoj chi mishkinde pengo shero. *Shukar. Savo faj tume?* O Józsi pej mashkarutni sikhadas. O raj Leo cirdas la avri, thaj p'ek trastica shutas la andre. *Thaj o djujtovo?*, pushlas e lala. O Leo cirdas avri jek lada anda o shifonjeri, thaj lokhores shutas jekh burnjik somnakune, parne-somnakune thaj rupune djujtovura p' ek charo pe mesala. O Jozsi losardas jek, thaj o Leo shutas les ande trastica. *Majlezno sar katka kajgodi ando Bechi chi rakhes le, muro drago amal.* O józsi mitisardas ek cerra, na anda kodo, hoj kuch sas, feri ke sokashi-j. Rakhle jek lashi ahor, taj ek mija shilingura shutas pej mesala. Kaj simadji ando kolco duvar katji love pokindon. O Leo las e love thaj avri ingerdas sel-duje zhenen. *Jek meshugeno, bilondo manush, zhanen. Mindig xoxadjol sakonestar*, phendas e zhuvlji, sar angla o vudar tordjonas. *Muri dej, mangav tut, mukh ma aba*, zumadas o Leo te mucosarel peska da, thaj jokharsa ingerdas peske kinjara avri. *Muro shavo gada te bikindon, vi kade t' avilon leski bax, hoj nango phirdon savora zhene pej ulica*, cipindas e phuri biboldica. O raj Leo nashadas e Józses taj leska lala po gango, vi vov avri gelas lenca, thaj maj lokhe jilesa phandadas o vudar pala peste. Leska dako glaso inke cerra shundjilas andral, de nashtig hatjaren, so vorbij. O Leo pasha e Józsesko kan avilas, thaj kodo shugindas leske, hoj te avel pale pe kurkesko agor. Pa 'kh shefto kamlas te mothol leske, so shaj intresirij les. O terno shavo mishkindas pesko shero. Kana buchuzinde, o raj Leo inke maj jokhar pe peski posotji das pesko vast, jek cini, rupuni Marijaki medajla cirdas avri taj das la a lalake. *Vi ekhe bolde biboldeske trubul les dej. So kerdemas bi mura dako?* phendas. E romni chi hatjarlas. Vov boldas pe jokharsa thaj gelas palpale ande pesko apartemento.

Inke parashtune o Józsi pala mizmeri, pala peski paluni univerzitetoski lekcija pale pej ulica Wollzeile gelas. Kodo, hoj ekhe specialnone vizumosa shaj studirindas e klarineta ando Bechi, kodo sikhadas, hoj ando bersh 1980, o komunizmo ando Ungro nas kade zuralo sar dulmut. But Ungroske zhene nashtig kapinas ch' ek trine djesengo vizumo, pune vov lasha vojasa shaj trajijas ando njugato. E Józsikaski familia anda kodo trubulas te ashel ande Peshta, haj nashti kapijas vizumo. Nashtig dikhenas jekh-avres. Sako kurko numa jokhar vorbinde po telefono jekh-avresa. E Józsesko dad lashe love rodindas sar romano lavutari and' ekh kata l' maj lashe peshtake kavehazura thaj sako shon bishavelas peske shaveske love ando Bechi. Taj kana o Józsi unjivar ka jek koncerto rodindas ek semo love peska klarinetasa, lesko angluno drom ka o raj Leo ingerdas les, kon mishto zhanglas te biknel chordino somnakaj lashe lovende. E Józseski lala nashli sas ando Bechi pe kadi vrama, kana ando bersh 1956 but aver rom mukhenas o Ungro andaj revolucija. Ande lalako cino garzionjeri, kaj voj peske romesa thaj peska shejasa beshelas, nas e Józses than. Trubulas te beshel ande jekh studentosko kher. Po drom zhi kaj ulica Wollzeile sas unji barijeri thaj na ushoro shaj nakhelas pe kothar, ke kothe bare mashinenca thaj daruvonca opre vazdenas neve khera. E gostonge butjara, kana thaj kana shundjonas pe xoraxani, pe srpsko pe romani vaj pe phagerdi njamcicko shib armaja thaj cipimata. E zurali thaj progresivno ekonomija sharadas o foro praxosa. Kana o Józsi nakhlas e *Ringstraße* musaj sas te xasal. Kade hatjarlas pe sar lesko parno buko praxo te pherdjilon. Kado praxo das avri andaj grjapa kaj kernas e butjara o nevo metro. Phares cirdas vov lufto, kana boldas pes pej vuljica Wollzeile. Kothe nakhlas vov ka teatro *Simpl*, thaj nakhlas pe kaver vuljicaki rig. Kothe pasha o somnakuno vudar kikidas e fonoski kochak, chengetindas, taj o vudar putardilo. Mukhle les andre. Nashlas e trapti opre, mardas pe bikinaresko vudar thaj azhukardas pej raji Sara te dikhel jekhe jakhesa paj cinji feljastra. O Józsi rajkanes das lasho djes. *Tu san?*, phendas sar mindig, *ekh kasavo kedvesho shavo*, thaj puterdas o vudar. Manglas les te beshel tele thaj te zhukarel po raj Leo. Akana nashtig kerdas sar maj anglal, ba musaj sas te lel' ek frishno peko guglimo a zhuvjlatar, so p' ek charo sas angla leste. Andej bari soba, jek aver zhuvlji pharo dji cirdas, sar bare zorasa zumadas te uzharel' ek melalo shifonjeri. Lako melaxno muj kasavo sas, sar e Józseska dako. Vov asandas pre la, ba voj chi las sama lestar. Feri senvedindas, sar ekha trancasa mordas o chikalo kasht. E Davidoski cherhaj logindas taj ingazindas katar ekh lanco pe lake chucha. O Józsi las' ek guglimo ande pesko vast, jekfar pej phuri Sara dikhlas, kon asandas taj bare jakhenca zhukardas, apal po guglimo. Kethane kidas sa peski troma, tele dindardas ekh cignoro kotor thaj bare jakhenca pej raji Sara dikhlas. O guglimo kovlo taj igen fajno sas, majnem kasavo, sar peska mamiako pekimo. *Nu? Lasho-j, na? Chi phendem tuke, hoj sas ma jekh kavehazo ande Peshta, kaj guglimata bikinos? Kana nashlam-tar ando bersh pinda-taj-shov, jokarsa kajgodi sako kothe mukhlam, v' e smuntina ando sifono.* Vi kodo mothodas les, hoj lako gazho jekh revolucijoneri sas. Angla o *Corvin* mozivo pushke denas les e komunistura. Lako shavo atunchi oxto bershengo sas. Jekhe strajinosa avile ando Bechi. Anglunes sar solgalokinja kerdas butji ando *Café Prückel* ande le forosko mashkar. Kothe bute ungrikane biboldenca kerdas pinzharimo, ko zhutinenas la, te ushtjel pe peske punre. O apartemento andej *Wollzeile* lake dujtone gazhesko sas, kon Peshtako biboldo sas, thaj kon zhuvindes palpale avilo sas anda mudarimasko lagero Auschwitz. E nacistura mudardesas e intregone biboldeski familija. Vov avilas ando Bechi sar disidento thaj parudas pesko anav katar *Bernsteyn* po *Berger*. E trine neve bukvenge bare love potjindas. Pe kodi vrama lasho foro kerelas e manushenca thaj shaj kinelas peske o apartemento ande forosko mashkar. Nas les shavora, purrindas e phuri Sara. Thaj anda kodo e Leos sar peske shaves dikhlas. Aba ande efta-var-deshenge bersha mulas, bukeska embolijatar. *Anda kodo sas nasvalo, hoj lungo vrama andej logera phari butji sas te kerel, kodo phendas o doktori.* E raji Sara peske dadesa ande vesha pash o foro Győr garudilas kata l' nacistura, thaj anda kodo birijas te nakhel zhuvindes o baro marimo. *Anglunes e fashistura kamenas te mudaren ma, pala kodo e nacistura, thaj po gor e bolshevikura. Nu, kade pharo-j, biboldo t' aves, zhanes mo shavo. Ba Devla, soske phenav tuke kadal vorbi,* mothodas e phuri Sara thaj mishkindas pesko shero, *chi tje niposke chi anel o pinceri pe deteharin papinako kalo buko pe rupuno charo ando pato, na?* E sheresa *ova* phendas o Józsi. E vorbi andaj raja Sarako monologo zalisarde lesko shero. Kana o raj Leo das andre, maj lokhe jilesa xuklas opre. *Aha, o raj lavutari! Loshako sim, hoj opre rodes ma, muro amal*, phendas o biboldo. Av manca ande muro birovo. Pal'o firhango ingerdas e Józses thaj kothe beshenas tele. E Leosko glaso jokharsa sa furchavo kerdjilas. Shugindas: *No, Józsikam, phenav tuke so-j. Trin djes d' adjesara, igen but somnakaj kam resel ka jek bizonjosho raj Tutu, ande Triesta. Muro chacho amal ande peski garazha kade lashardas mure Mercedesoski karoserija, hoj shushe thana rakhadon ande l' shtar vudara. Kadala shtar vudara kam aven pherde ande Triesta somnakaj thaj galbi.* Maj pashilas leste, thaj inke maj lokhe hangosa phendas: *Kathe avel tjiri shansa, Józsikam. Le rusonge trubul somnakaj jek nevo sputniko vaj pala e Brežnjevosko nevo milasko kher, pala so zhanel o beng. Ba chi xal amen e grizha. Le ruson trubul somnakaj haj ame bishavasa lenge so von kamen.* O Józsi zh' akana tholas kan, ba chi hatjarlas, so kamlas lestar o sheftari somnakasko. *Raja*

Leo, engedelmo mangav te pushav tut bara patjivasa. So si te avel muri rola ande kadi traba? O Leo tele mishkindas pesko shero, asandas taj kethane cirdas peske princhani. *Tut, muro drago kolega, avla kadi bari patjiv, te kheles e shoferoski rola ande kado teatrosko kotor. Zhas mure vurdonesa ande Triesta, kothar anes o sumnakaj kathar o raj Tutu, choral te na len tut sama a italianake garnichara thaj aves e vurdonesa palpale ando Bechi.* O Józsi bara koncentraciasa shundas e biknareske vorbi. *Muro kuzino, o Efraim*, phendas majdur o Leo, *vo bishavel mange manusha anda Ungro, thaj von anen o somnakaj kaj bolshevikura. Taj vi tu kam njeris jek lasho kotor anda potjinimo. Nu? So phenes pa kodo, muro amal?*, pushlas o Leo. Ande kadi minuta shundilas ek baro kopanashi pala o firhango. Vareso pej phuv pelas. O Leo opre xuklas, peske duj vast po muj mardas, zorasa cirdas o lufto taj darades shugindas: *voj sa shundas!* O Józsi po firhango dikhlas thaj ando chendo shundas, sar e solgalokinja o praxo khoslas kathar o shifonji. *NO, MISHTO-J!*, cipindas o raj Leo jokharsa bare hangosa, *SAR PHENDEM TUKE ABA, ANAS SAKOFELO PERDAL I GRANICA THAJ POTJINAS E INTREGO TAKSA!* O Józsi asandas ek cerra, pala kodo, hoj o bikinari zumadas te garavel peske bipatjivale trabi. A sobako vudar kasave bare hangosa phandadas e zhuvlji, sar kamlon te shunen la. O Leo grizhasa dikhlas pa firhango. Khonjik nas kothe. Tele beshlas po fotelo te hodinil pe. *Voj gelas-tar*, phendas kade, sar te na avilon khanchi. O Józsi chi phendas ch' ek vorba. *No, muro amal? So gindis tu pa kodo plano?* O Józsi vortondas pe. *Sar te phenav. Duj bajura si amen, raja Leo. Anglunes, naj ma licensa te tradav vurdon. Thaj o dujto problemo, thaj kodo shaj avel maj pharo, mure stu-*

dentoske vizumosa naj kade simplo te phirav perdal e granica taj palpale. O Leo xojasa cirdas kethane peske princhani thaj pharo dji cirdas. *Ba sar avlas, te muro nano tradel o vurdon? Vo si katar e Jugoslavija. Lasho shoferi lo, thaj vi kasavo pasporto si les, so trubul tu*, phendas o Józsi. Jokharsa maj vojako dikhlas avri o Leo. Kamlas te del e Józses pesko vast, ba kodo aba chi mukhlas. *Anglunes musaj te pushav les, raja Leo. Lujine zhanesa so phendas.* O Leo *ova* phendas, asharlas les anda lesko godjaverimo taj zhi ka vudar ingerdas les. Anglal gelas o Leo, thaj o shavo pala leste. Andej kaver soba, jokharsa hatjarlas o Józsi, ke varikon zorasa kikidas lesko vast. *Le sama! Bibast, mro chavo!*, shugindas e solgalokinja romungrikanes, hoj na te sheftolij e somnakaske biknaresa. Kana o Józsi hatjarlas, hoj sostar gindindas, hoj e biboldi solgalokinja kade mezijas pe leski dej, voj sigo mukhlas avri lesko vast, thaj xasajlas andej kaver soba. *Guglimata po drom, ekhe gugle shaveske!*, phendas e raji Sara angla o vudar thaj kasavo pekimo shutas pe lesko vast, so ande zhurnalosko papiroshi sas vulime andre. *De shukar mosko-j*, phendas e phuri zhuvlji, kana phandadas o vudar. Ando kher maumno sas. Vov zalisajlo, nashlas tele pej trapti thaj las po drom.

E Józseski lala pash ulica *Gürtel* beshlas. Dulmut, ando bersh 72, nas la dosta love te kinel kher ande forosko mashkar. Kana shutas voj peske romesa, e Milesa, e somnatura po dokumento, te shaj len avri o apartemento, lengi shej inke maj cinji ishkolashi sas. Daba desar deshe bersh beshenas ando garzonieri andej *Märzstraße 9*. *JÓZSI!*, cipindas ekh terni romnji. Vov boldas pe, thaj dikhlas, sar voj ekha morchaka trastasa po phiko, pal e bari vuljica *Gürtel* nashel. Opre xuklas taj angali das les. *T' as baxtali, Saška!*, das o Józsi lasho djes peska kuzina. E Aleksandra vorta andaj shkola avilas khere thaj loshajlas, kana dikhlas e Józses. Kethane zhanas opre. Andej trito etazha o Józsi pharo dji cirdas. A Aleksandraki dej puterdas o vudar, chumidas peske phraleske shaves thaj khardas len andre. Lako rom, o Mile, kaj mesala beshlas thaj cigareta pilas. Inke peske butjake gada phiradas. *Ćao, muro shavo!*, phendas o rom ungarikanes. Pekso simpatikusho akcento vojvodinako sas. Kaj ek kashtari kerdas butji, nas leske pharo te del duma sa e kolegonca anda Ungro, taj andaj Jugoslavija taj andaj Rumunija pe lenga dake shiba. Numa l' austrijake sherutne nas kade ushoro te hatjarel len. Kana sas bajura ka o *Meldeamt* vaj ando spitalo, mindig leski shej zhutindas a translacijasa. *Sar san? Sar zhal tjiri traba, muro shavo?*, pushlas lestar e Lili lala. *Sa mishto-j*, phendas o Józsi ek cerra nervozno. Chi zhanglas, so vorbin e Lili taj o Mile pa raja Leosko plano. Intrego familija barimangi sas po Józsi. De te shundjon leski dej, hoj lako shavo kadale khancheske trabi kerel, biztoshan jekh histerikusho shokesa pej peshtaki *Hárshegy* klinika ingerdon la. *Vorta katar e Wollzeile avav, e Leoske kherestar*, vo phendas. Aba pala kadala vorbi chudisajlas e lala taj opre cirdas peske princhani. Bivorbako jek kuchi kavea thudesa shutas angla leste pej mesala. Vov najisardas. *So rodes pale kothe, kaj kado posotjari, Józsi?*, pushlas e Lili xojasa. *No, hat*, phendas taj butajig pilas e kavea, *shaj avel ek shefto, jek baro bizniso, te keras igen lasho foro, but love...* E Lili baro dji cirdas, jekh vast pe pesko mashkar shutas thaj kamlas te shinel leske vorbi.

Mukh ma te dav duma majdur, lala!, opre vazdas o Józsi pesko hango. O Mile nano zorasa cirdas peski cigareta thaj kade peradas tele o praxo po thuvaljako charo, hoj peske jakha chi las tele e Józsestar. E Aleksandra bivorbako beshlas kothe, thaj nashtig patjajlas, so pecil pe. *Trin djes d' adjesara, igen but somnakaj kam avel ande Triesta le bibolde kereshkedevoske. Trubul les varikon, kon tradel kothe peske preparaltnone Mercedesosa, pherdjarel o vurdon galbenca, thaj avel kodolesa pale ando Bechi,* mothodas o Józsi sane glasosa. *Sode love potjinel?*, pushlas o Mile. Leski romni mardas lesko shero. *Dosta-j kado!*, voj phendas, *mar kodo avri anda tjo shero, shunes?!* O Mile opre xuklas. *Dušo moja!*, shugindas pe lako kan. *De-ta tu godji! But love shaj avel kodo! Kam angle potjinasa jekh Genossenschaftswohnung kadale lovenca!*, pe srbicko shib zumadas te paruvel lake gindura. O Józsi chi hatjarlas so mothol. Numaj vorba *Genossenschaftswohnung* kasave bare akcentosa phendas pe njamcicko shib, hoj v'o Józsi zhanglas so phenel. O Mile inke chi zhanglas, sode love shaj rodela, ba ando shero sako grosho aba avri potjindas. *Chi gindij, hoj but vrama-j amen te das ame godji*, phendas o Józsi, *te chi keres tu kodo shefto, o biknari sigo shaj rakhel avres*. O Mile tele beshlas taj cirdas anda peski cigareta. E Lili kapindas e thuvalji anda lesko vast thaj pilas ek cerrica. Apal but xojariko sas, taj pe thuvaljako charo mudardas e cigareta. Voj mishkindas pesko shero, thaj kade dikhlas pe Józseste, sar kamlelas te del les palma. O shavo lazhamnes asandas.

P' ek charo ruzhake motivosa ashile sas feri unji kotora peko mas ando chiken. O Józsi aba chajlo sas, ba ka o kurkesko xamo andej ulica *Märzstraße* mindig duvar las pe te xal. Ke kurke mindig o Mile nano kiravelas. Legbutivar jekh lasho mas *projasa*. O Józsi pe mamesko safto boldas e kukuruzesko pekimo, pe kodo shutas e chikenali baleski mortji taj nakhadas o paluno kotor jekh cerra parnja moljasa. E Aleksandra sigo kidas kethane e chare, thaj kezdindas te thovel le ka o kindako pulto. *Majmishto-j te thovav le jokharsa*, phendas, kana o Józsi bara patjivasa taj pherde peresa dikhlas pala late.

Pala o xabe, o filmo *Rocky Balboa* sikhadjilas ande cikno bruneto tevevo, so andej konjha tordjilas. Makar bare glasosa shundjolas e televizija, khonjik chi las sama po filmo. Duma denas jekh-avresa. O Józsi hatjardas pes furchavo, kana numa dural shundjolas e televizija, pune peski familia perdal o sastruno firhango chi kodo chi tromanas te zhanen, kon-i o Sylvester Stallone. E Aleksandra sas e jekh, kon anda gor po gor hatjarlas o filmo, de voj pashaj televizija kaj mesala sidjarimasa iskirindas peski shkolaki butji. Chi mukhlas khonjik te na zavarij la. Chi e bare bashajimastar, chi a cigaretake thuvestar, so lako dad soro djes pej soba phurdelas. Kadi rat inke peske piramneste, e Karleste kamlas te zhal, pa kodo khonjik chi tromajlas te zhanel, feri o Józsi. Peske phurenge mindig kadi phenlas, hoj ka peski amalni, e Carla zhal. *Muro shavo*, phendas o Mile thaj ekh kotor kashtoresa zumadas te cirdel avri o mas peske dandendar. *Dem duma tja lalasa inke jokhar. Inger ma tusa kodole biknareste! Me kamav te pinzharav les thaj te pushav les ek-duj trabi*, phendas e shaveske taj apal dikhlas pe peski romnji. E Lili aba lungo vrama chi dikhelas pe leste thaj vi akak chi mishkindas pesko shero. O Józsi gelas ka o telefono, so pasha fridzhideri po falo logijas, vov losardas e Leosko numero thaj pala kaver djes kerdas lesa jek termino. Kana tele shutas o telefono, leska lalake jakha perdal phusade les. Opre ushtjilas, chi phendas ch'ek vorba, gelas avri andaj kinda thaj ande phandadas o vudar a sobako. Anglunji data, desar o Józsi ando Bechi beshelas, voj chi buchuzindas e shavestar, kana gelas-tar.

Ando *Café Europa* ando forosko mashkar o Józsi angla ek parnji mol beshlas korkori, kana leski lala thaj lesko nano avenas andre. Opre akastinde penge zubunura, denas e shaveske lasho djes thaj pasha leste beshenas. E lala jek cerra maj vojaki dikhlas avri sar aratji, ba o Józsi chi hatjarlas pes kade mishto pasha late, sar mindig. O kereshkedevo somnakasko k' aver mesala beshlas thaj ek shefto kerdas jek elegantne ungrosa. *Jertisar ma, feri kadala angrushnja si ma*, phendas thaj pej parni meseljaki faca sikhadas, kaj o mursh bibaxtales dikhelas po somnakaj. *No mishto-j, avenas vi kadala*, phendas o Leo, taj kade kerdas, sar ek ajandiko delas e ungros. Apal inke shov angrushnja cirdas avri anda peski posotji. *De chaches naj man majbut*. Sako jekh meg dikhlas o mursh, mishkindas pesko shero thaj kamlas te ushtjel opre. *Ash-ta, ash-ta, muro amal!*, phendas o raj Leo, ekha kavera posotjatar las avri jekh kisi thaj pe pesko vast shutas kodo, so sas andre. *Nu? Nu? So gindis pa kadala?* O mursh las peske 'k kata l' angrushnja, asandas taj *ova* phendas e sheresa. Pal o ahor kade lokhores denas duma, hoj o Józsi nashtig shunelas kodo, hoj sode love potjindas o manush e Leoske talaj cinji kavehazoski mesala. O biknari kade khoslas o somnakaj a mesaljatar pe peski stingo palma, sar marnoske prushuka, atunchi shutas le pe peske zubunoski posotji.

Numa akana boldas pe, pe kaver mesala shutas peski kaveva thaj das e Józses pesko vast. *Leo Berger, kodo-j o Miodrag Mitrović. Mura lala pinzhares aba,* pinzharavadas len avri jekh-jekh-avreske. Von denas lasho djes jekh-avreske. *No, sar faj tu amaro aranzhmano?*, pushlas o Leo bare jakhenca. O Mile jek cerra barikanes asandas. *Zhi akana numa tjo plano pinzharav, raja Leo. Pa o biznisо, e love aba chi phendan khanchi,* das angle. *Chaches, chaches. Dav tu desh-miji shillingura. Kodo-j 'ekh lasho kotor, muro amal. Mishto-j tuke?*, shugindas o biknari. O Mile asandas taj mishkindas pesko shero. *Nashtig dav tu majbut*, phendas o Leo, *no mishto-j, shaj keras desh-u-panzh-miji. Ba nashtig zhav maj opre. Aversar po gor chi rodav ch'ek grosho, hatjares?* O Mile lasha vojasa phabardas opre p' ek cigareta thaj pale mishkindas pesko shero. *Kana aba naj kade zhal tjo plano, sar tu kamlan, me tele besho but bersh andej Rossauerlände, thaj atunchi chi me nashtig rodo ch'ek lovo aba, zhanes tu kodo? Te na khelas amen kade, te na avla kadi butji igen riskantno taj opasno*, phendas o Mile. O biknari jekh cerra lazhajlo taj mishkindas pesko shero. *Mishto, mishto. Apal purrij mange katji love rodes*, phendas o raj Leo nervozno, taj pe peski kalca khoslas le paja, so aba shordas anda peske vast. *Me chi kamav love*, phendas o Mile, *me kamav ek kotor anda o sumnakaj*. O Józsi taj e Lili jekfar po Leo, jekhfar po Mile dikhenas. O raj Leo ch' ek vorba chi das anglal. Phaglas pesko shero. Kon birindon te dikhel andre ande Leosko shero, kodo shaj dikhlon, sar vov ginavel e numeria, e galbi taj e groshura. So phendon peski dej pa kado shefto. *So kames?*, pushlas majnem kasave hangosa, sar e phuri Sara. O Mile zorasa cirdas anda peski cigareta, thaj thuvesa ando parno buko phendas: *Panzh deka*. O raj Leo igen asandas. *Kaj sam katka, kaj o masari? Kolbasura vaj gojasa sheftolas?* O Mile zumadas na te mishkij pesko muj. *Mishto-j*, phendas o kereshkedevo. *Tu kames panzh deka, me dav tu panzh-var-desh grammura. Zhanes, me kamav te kerav sheftura tje niponca. Tume e Rom, Chi san tume kade kaver amendar*. O Mile asandas taj chi phendas khanchi. Vov pe peski biboldi mami das pe godji, kon ando lagero Jasenovac kodole romesa maladilas, kon palal e Milesko papo kerdjilas. Las e Leosko vast. Selduj kade patjanas, hoj jekh-jekh-avres perdal shude. *Kana te indulij po drom?*, pushlas o Mile. *Inke adjes dopash ratako*, phendas o Leo, shutas pesko vast pe peske zubunoski posotji, thaj duj thule somnakune lancura kikidas a Józseska lalake po vast. *Jek angluno potjinimo*, phendas, vareso p'ek salveta iskirindas, taj das łe Miles, apal opre xuklas. Jekh adresa sas ando papiroshi, thaj jekh garazhako anav. O Mile *ova* phendas peske sheresa. Buchuzindas thaj o Leo gelas-tar anda kavehazo.

Panzh-var-desh grammura somnakaj!, shugindas o Mile igen lasha vojasa, kana pej vuljica *Ringstraße* gelas. *Panzh-var-desh grammura! Zhanes sode love si kodo, dušo moja?*, pushlas peska romnjatar. *Desh-efta, vi desh-oxto shilingura shaj avel! Duj shoneske potjimata-j kodo*. E Lili zumadas te garavel, sar loshajlas taj baxtali avilas pa kadal' but love. Izdraimasa shutas pesko vast maj butivar pe peske zubunoski positji, te dikhel, hoj e lancura inke kothe le. O Mile ashadas len. Jokharsa hatjarlas o Józsi, hoj varikon zorasa kikidas lesko vast. Pej solgalokinjate anda o biknaresko kher sas te gindij. O Mile zorasa chumidas lesko chikat. *O drago Del te aldij tut, muro shukar shavo!*, phendas leske. O Józsi chi phendas ch' ek vorba. O vuljicako udud andej *Ringstraße* korisardas les.

Numa ek cerra fimlalas a ulicaki lampa opral. Unji minutura sas pala dopashratji. O Mile e Józsesa tordjilas angla jek phandado garazhako vudar ande forosko gor. E Lili lala a Aleksandrasa ashilas khere. O Mile sigo patjardas peske 'k cinji trasta, pesko pasporto shutas andre thaj buchuzindas peska familijatar. Ando tunjariko duj figuri sikhadile pa kolco. O raj Leo jekhe sane murshesa prastalas andej cigni vuljica, de dural das lashi rat selduje zhenen haj manglas e strajines te putrel opre o rolovo. Andej garazha jek purano mercedeso tordjilas. *Che shukar vurdon*, gindindas o Józsi. Ande Peshta jek barvaljimo potjindon e manush kodoleske. O raj Leo puterdas e vurdonesko vudar thaj sikhadas e Miles, hoj te beshel andre. Das les e dokumentura thaj ek lil, e kavere somankaske biknareske anavesa thaj leska adresasa ande Triesta. O Józsi chumidas leske sham. *Le sama pe tute, čika Mile!*, phendas peske nanoske. Igen xaljas les e grizha. Vi o Mile maj nasvalichoso sas, sar normalno. Vov phandadas e vurdonesko vudar, shutas peski trasta pasha peste thaj atunchi korkoro beshlas peske ando mercedeso. Dosta vrama gindisardas pala pa kadi? O raj Leo duvar mardas po vurdon. *Lasho drom, muro drago amal. Dikhas amen avertehara!*, phendas o raj Leo. O vurdon tradas-tar thaj unji minuti kade zurales phabonas e vurdoneske lampi, hoj e intrego vuljica fimlalas. O Józsi dikhlas pala peske nanoste. O sheftari somnakasko pasha leste tordjilas. Chi denas ch' ek vorba, ba hajkam kade dicholas, sar selduj rudjimata phendon: O jekh e rajeske po trushul, o kaver kodoleske, kasko anav chi tromas avri te phenes.

Pal o mizmeri pej konjha peklas o kham. E Lili aba e trito kafa pilas peske thaj o dujto dobozo cigareti. Lako Rom aba de katar but chasura trubundon te resel ando Bechi. De katar e paluni rat chi shundas lestar khanchi. E Lili zurales kikidas e raja Leoski Marijaki medajla pe peski palma. Varikon mardas po vudar. E Lilli xuklas opre, puterdas o vudar, ba nas lako Rom. O Józsi das andre thaj zurales das les angalji leski lala. *O Mile inke chi reslas khere. Chi shundem lestar khanchi!*, phendas bara gizhasa. O Józsi phares cirdas o lufto. Chi zhanglas so te phenel. *Sa mishto avla, muri lala. Chaches, numa biztoshan but vurdona traden po drom. Sasko minuta shaj kharel tut, phenav tuke!*, zumadas o Józsi te domolij la. Vi vov hatjarlas, hoj vareso pecisajlas. *Thaj te bajura-j?,* pushlas. Apal andaj soba jekh baro bashajimo shundjilas. Vareso pej phuv pelas. *Istina!*, phendas e Lili thaj po chikat shutas pesko vast.

Pe autovosko drom angla Bechi bare glasosa shundjonas e armaja pe srbicko shib. Duda. Vurdonesko feko. Apal rondjilas. Pal o karambolazhi e manush avri hulilde thaj k' o mercedoso nashle. O vudar puterdo sas, ba khonjik chi beshlas andre. O betono sa sas sherado somnakasa, sar anda o vurdon shordjilas avri. Kana a ambulanciako vurdon opre reslas, e manusha aba kethane kidesas e galbi. O Mile perdal e veshenca thaj e shushe dromenca nashlas ando foro, thaj chi na tordjilas, zhikaj khere avilas. O kaver djes, ande l' kavehazura ando forosko mashkar e nashade manusha anda Ungro anzarenas jek-avreske, mesalja-mesaljatar e zhurnalura. Savora zhene gindinde, hoj o sheftari somnakasko si varesar phanglo kole bajosa, kole bimanushengire mercedosa kaj sikhadilo pe anglune zhurnaloski rig, kaj chi o bezino avri shordjilas hanem avri shordile galbi. Kado djes a phura Sarake guglimata sa phabule ando bov. Kon ande vulica Wollzeile tholas kan, kodo shaj shunelas sar atkozij e phuri Sara peske shaveski baxt. Thaj vi lake shaves, sar rudjij peska da, te phandavel voj pesko muj!

O foro biamaro

Vov kade zurales phandadas o vudar, hoj pale avri puterdjilas ek cerrica. O bashajimo v‘ ande lesko shero shundjilas. Aba igen butivar phirkerlas opre taj tele ande pesko cikno birovo. Kade xoljajlas, hoj morcosajlas aba. Dumukh kerdas peske vastenca. Kethane kikidas pesko muj. Butivar mardas zorasa pej mesala thaj kodo shugindas: *scheißescheißescheiße.* Ande kado momento leski kolegica, e Aleksandra nakhlas ka o vudar thaj andre dikhlas pe leste. Vi vo dikhlas pale pala late, thaj voj prastadas majdur. *Xa khul*, phendas pe njamcicko shib, baro lufto cirdas thaj tele pelas pe pesko birovosko skamin. Kodo kircijas taj chikorgijas aba, desar kezdindas te kerel butji katka, angla shov bersh. O Johann Pichler aba dulmut chi panaskodijas pala skaminosko bashajimo. Thaj varikana chi kodo chi kam azbal les, hoj varikon aver kapindas kadi butjaki pozicija, so vov kamlas te lel. Phandadas peske jakha. Feri akor puterdas le, kana shundas, hoj varekon marel po vudar. Jekh kale balengi, shukare moski romni das andre. Jekh igen elegantno blejzero phiradas, phikoske sherandenca. E Aleksandra Mitrović jekhe sherestar maj uchi sas, e Johannestar. Kade, sar savora zhene ando birovo. *Slobodo-j t‘ avav andre?*, pushlas jekhe akcentosa taj mila las lestar. *Va, va, av andre, Aleks,* phendas o Johann taj opre xuklas. Zorasa zumadas te asal pre la. *Johnny, zhanav hoj igen azbal tut, hoj me kapindem e pozicija. Tu keres butji katka d’ aba maj lungo vrama mandar, thaj amare kolegura phende mange, hoj nadjon zhukardan aba kadi butji. Nu, me dav tu muri vorba, ke maj dur pe jekh uchimaste te keras butji! Bizij, ke zhanes kodo.* O Johann zumadas te asal. Aba pe sasto lesko trajo, e avera penge uchimastar tele dikhenas pe leste. Vov das a kolegica pesko vast thaj kodo phendas: *Najis tuke, Aleks, hat kodo aba zhanav. Thaj kamav te gratulij tuke maj jokhar chache jilestar. Igen irdemlindan kodo. Baxtalo krechuno!* E Aleksandra das les pesko vast thaj cirdas e gazhes pe peste. Kikidas les pe peske chucha thaj duvar mardas pe lesko dumo. *Najis tuke, kolega. De zhanes, ke ame pravoslavni sam. Ame slavisaras feri ka o eftato januari.* Buchuzindas lestar thaj phandadas o vudar. *Khandinejo srbinko!*, shugindas o Johann thaj mishkindas pesko shero.

Aba efta chaso sas, kana o Johann Pichler gelas-tar andaj firma, kaj uzharimaske kirpi kerde. *Rondjura*, mindig kodi phenlas leski dej. E *Mariahilferstraße* ando Bechi pherdo sas fimlalimo taj shukarimo, sar sako bersh po krechuno. Kana ratjilas, aba phandade e bolti, thaj e zhene pherdjarenas e semeteshura gunuj. Ando jiv rakhadjonas shushe flashi taj cigaretenge agora. Jekh zhuvlji prastadas pej ulica, p' ek vast peska shako vast xutjildas, pe kaver peske trasti kinimatanca andaj butika *Herzmansky*. Kana shutas voj pesko punro pa trotoaro das voj po Johannes haj te na lindon sama aba vi peradon les. *Tschuldigung*, phendas pe sidjar, lashardas pesko parno dikhlo thaj prastadas maj dur. *Khandinejo muslimanko! Kathar len kadala but love? Taj sostar vorta akana, angla krechuno kinen andre kadala melale muslimanura?*, vov gindindas. O Johann numa kamlas te zhal so maj sigo khere, te bistrel kado zhungalo djes. Pe aver kolco tordjilas jekh phuri romnji bange dumesa. Ando vast jekh plastikaki pahara inkrelas, thaj love mangelas e zhenendar. Dural shundjilas e tramvajosko bashajimo. O Johann boldas pe thaj dikhlas, ke avel o 58-ngo tramvaj andej *Mariahilferstraße*. Vov las te nashel. E phuri romnji shutas jekh paso angle, o Johann avri chusindas taj pelas kethane lasa pe melalo jiv. Savora zhene mek tordjile, andre krujinde le taj dikhle le gazhes tele penge jakhenca. Vov ushtindas opre thaj mukhlas a kuldushkinja pej phuv. Atunchi dikhlas, hoj bilesko zhaltar o tramvaj. *Melalio ciganko! Rande tu katkar! Zha-tar khere taj ker patjivali butji!*, cipindas pej phuri romnji. Voj lokhores zumadas te ushtel a phujatar. Vi te na zhanelas leski shib, voj mishto hatjardas leske vorbi. Igen butivar shunlas le aba. *Marel tji bax o khul! Te xal tut e prikezhija!*, atkozindas les e romni. Pharimasa ushtjilas opre, thaj shungardas pej phuv. O gazho chi hatjardas lake armaja. *Phande tjo muj*, cipindas o Johann. E zhene tele dikhle les, kana khoslas e mel peske zubunostar. *Te xasajven tumen anda Bechi! Tume strajinura! Savora jugoslavura, savora muslimanura taj e intrego ciganija! Randen tume mandar!* O Johann pizdas pestar bute manushen, kon tordjonas pe lesko drom taj prastadas maj dur. Po intrego drom khere numa pa pesko shinajimo gindijas. Kodo phirdas ande lesko shero, sar avelas lesko foro, te numa kasave manusha beshenas kathe, sar vov. Jekh foro, kaj ande leste chi beshel ch' ek Özlem, ch' ek Mugtaba, ch' ek Dragan thaj ch' ek Fatima aba. Jekh foro, kaj feri kasave manusha trajin, sar o Johann Pichler. Che shukar gindo-j kodo. Vov xutjildas e kija anda pesko zubuno, puterdas o vudar, taj las sama, hoj kadala gindura aba igen domolisarde les.

Inke chi po lifto chi zhukarlas, hanem lasha vojasa thaj lokhe pasonca nashlas e trepti opre.

Leski dej aba kaj mesala beshlas thaj zumi sivindas opre anda pesko charo. A meseljaki faca sa meljardi sas. *Sostar chi leshindan pre ma?*, pushlas o Johann thaj opre akastindas pesko zubuno andej anglunji soba. *Tu kishisajlan thaj me bokhali simas aba. Katka efta chasongo xas ratjako xabe, thaj ch' ek minuta maj palal. Chi zhukaro sasti ratji, zhipon o baro raj khere avel.* O Johann mishkindas pesko shero taj beshlas peske tele. Pej mesala sas jekh papiroshi. O Johann kodo papiroshi detehara anda zhurnalo shindasas les avri thaj shudasas les ando gunuj. *Muro horoskopo*, sas iskirime po pharrado papiroshi. *Dale!*, cipindas. *Chi mukhav tut te kontrolis ma, sar t' avesas muro dad!*, das angle thaj avri xarundas e palune zumjake chepura. E Waltraud Pichler sako djes ginavelas pesko horoskopo, kana pelas peski kaveja. Thaj laki voja mindig kasavi avlas, sar so sas e vorbi ande zhurnalosko drabarimo. Anda kodo, o Johann avri shinelas sako horoskopo anda zhurnalo, te na pharjaren e vorbi leska dake djesa. Zh' akana igen mishto sas kadi ideja. Ba shajnoshan e Waltraud rakhlasas o papiroshi ando gunuj, kana majinti e kurumpirja khushlasas. Vi pa kodo ginadas, hoj te lel aminti pej bilashe hirura peske nipondar. Feri jekh nipo ashilasas lake, thaj anda kodo kade butaig pushlas peske raklestar kako-kuko, zhi ka vov po gor mothodas lake, so pecisajlas. Kade skurto vrama angla krechuno, kodo hiro aba igen nasul ajandiko sas. E Waltraud bivorbako beshlas tele ando foteli, puterdas o tevevo. Sar ek sokashi, voj sako rat dikhlas e hiradovoski emisija, leshijas sar buchuzij latar e moderatorkinja, thaj pala kodo gelas-tar te sovel. O Johann sar mindig unji chasura chi sutas. Thaj pale feri jekh phirdas ande lesko shero. Kodo, hoj che shukar avlas, te xasajvelas sako Aleksandra anda lesko drago Bechi. Atunchi vi leski dej che barikani avlas pe leste.

Kadi deteharin o vekero igen zhungale bashaimasa shundjolas vorta efta chasongo. Tetradjine, angla krechuno 1992, sas e Johannosko angluno vakacijako djes. Thaj vo bistardasas te kikidel avri o vekero. Atunchi sa puterde sas leske jakha thaj nashtig sovelas maj but. Vov ushtjilas, kiradas peske kaveja taj gelas avri po gango, te lel peske e djesesko zhurnalo. Ba khanchi nas shuto angla o vudar. Avri dikhlas vov po gango thaj xojajlas. Dare varikon chordas lesko zhurnalo? Vaj bistardasas te anel les o poshtari? Palpale gelas andej beshimaski soba thaj ande kapcholindas e televizija. Jekh specialno emisija dicholas ando ORF 2. E moderatorkinja igen nervozno sas. Porrade jakhenca dikhlas o Johann. Ande intrego Bechi kaj policija but zhene meldinde, hoj xasajlas varikon. Adjes detehara but zhene naj tale. Khonjik chi zhanel kaj le. Vi kodi moderatorkinja xasajlas, kon aratji sas ando hiradovo. Chi e policija, ch' e zhandamarija taj chi o inspektorijato chi zhanenas, so pecisajle. Feri kodo zhanenas, hoj savora zhene, kon xasajle, sako felo socialnone grupendar avile. Vi gastarbajteri taj vi nashade manush andaj Jugoslavija sas mashkar lende. Savora zhene strejinone themendar avile, thaj khanikas lendar nas austrijako pasporto. Anda kodo, e policija kadi gindij, hoj averthemutne kriminalni zhene thaj mafiozura zorasa nashade avri e manushen andaj Austrija. Kade, hoj khonjik chi las sama. Vi kodi phende ando tevevo, hoj o *kancelari,* o Franz Vranitzky mizmere inkerela jekh bari konferencija e zhurnalistenge. Zhi kodi ekspertura kam dena duma a austrijake ranca taj e becheske foroske sherutnesa, e Helmutosa Zilkosa. O Johann brigijas. Chi o *KGB*, chi e *CIA* chi birindon te nashaven katji but ezera zhene anda Bechi, kade, hoj khonjik chi lon sama. Bivorbako dikhlas po purano, perzhijako colo andej beshimaski soba. Jekh igen furchavo deteharin.

E zhurnalistongi konferencija chi mizmere chi kezdijas, hanem unji chasura maj palal. Atunchi aba majbut sar 150.000 manusha xasajle. O Johann khardas peska da andej beshimaski soba. Voj tista nervozno nashkerlas, intja v' intja, kathe-kothe, ando apartemento taj vashalijas peske rakleske gada. Pe lake okuli para astardili. Jokharsa o kancelari sikhadjilas andej beshimaski soba, thaj paj televizija das lasho djes. Igen parno sas lesko muj, thaj ive zumadas te kerel pe tromako, sar ch' avlas les dar. L' ekspertura taj l' inspektorja kadi phenenas, hoj gindin, ke rasistura nashade e manushen aver themende. Pe kadi vrama shaj purrin, ke feri ando Bechi pecisajle kadala trabi, de kaditji but manush sar akana, inke shoha na xasajle. E forosko sherutno manglas savore zhenen, kon ando Bechi beshenas, na te peren ande panika thaj te ashen khere. Vi kodo phendas, hoj e policija taj e bare raj maren pengi godji te te rakhen avri, so pecisajle. Taj trubul len sako felo informacija sakone zhenestar kon zhanel vareso pa kadala butja. E Waltraud jokharsa chi po tevevo chi dikhlas majdur, hanem pe Johannesko maj shukar gad, so voj ek cerrica phabardasas. Bisterdas, hoj o vashalovo inke tato sas, thaj bare hangosa las te njivij.

O Johann ashilas peska dasa ando apartemento zhi ka ratjilas. Daba cerra denas duma vorbenca, maj but jakhenca. E Waltraud bishadas peske rakles andej bolta te kinel sako felo krechunoske xamaske. Kana o Johann phandadas o vudar, pharo avlas lesko jilo taj furchavo hatjarlas pe. Pej vuljica, kaj beshenas nas ch' ek manush. Vov gelas ando supermarketo, thaj po drom zhi kothe, sa boldkerelas pesko shero thaj dikhelas sa pala peste. Daralas, hoj varikon phirelas pala leste. Feri unji vurdona thaj jekh-duj zhene sas pej bari ulica. Angla o supermarketo but manusha kidenas pe. De phandado sas o vudar. Pasha reklamake plakatura pa krechunoske guglimata taj pimata logijas jekh papiroshi. Vastesa sas iskirime kothe, hoj e bolta nashtig puterdjilas, anda kodo, hoj e butjara xasajle. O Johann bara darasa prastadas kaj ek aver bolta, hanem vi o dujto taj o trito supermarketo ande lesko becirko phandado sas. Jekh aver papiroshi. Jekh aver fraza. Jekh aver iskirimo. De e vorbi sas vorta sar anglal. E zhene sa zalime dikhenas andre ande sako bolta feri tunjariko. Darane hangosa vorbinde pa kodo, so te xan penge familijenca pej krechunoski rat. O Johann pharo dji cirdas. Vov prastajas pej tramvajoski stacija, te zhal ka jek aver supermarketo maj dur. Andej stacija nadjon but manusha tordjonas taj tista nervozno dikhenas pe penge vasteske chasura. Dural duj vurdona dudalinde. Intja v' intja nakhelas v' ekh policijako vurdon. Duj phure gajzha shugdolinas jekh-avrjasa taj pe penge rovlja inkerenas pe. *Shajnoshan anda texnikake bajura o tramvaj nashtig te zhal kasave intervalonca, sar mindig. Mangas tumen te losaren aver droma*, shundjilas jekh murshesko glaso pej bechicko shib anda stacijako megafono. *So phendas?*, pushlas e phuri gajzhi. O Johann krujal dikhlas. Kajgodi feri chache austrijancura. Opre dikhlas pe stacijako megafono, pala kodo po cheri, thaj pale pej phuv. Lesko jilo atunchi maj lokhes marelas. Shushe vastenca taj bare gindonca las te zhal peske khere.

Ande krechunoski sunto rat e familija Pichler tatjardo perkelto andaj konzerva xalas angla o tevevo. Hajkam specialni emisiji, specialni komisiji taj specialni konferenciji sas sako djes, maj dur igen specialni trabi pecisajle ande intrego foro. E policija ashadas bute zhenen, te pushel taj interogalij len, de pala skurto vrama aba mukhle len te zhan. Chi rakhenas ch' ek mafia, ch' ek kriminalno aver themeski banda. Chi na rasistichni grupi nashtig rakhenas, so shaj nashadon e manushen. E Waltraud aba sako numero khardasas po telefono thaj sakona amalinatar pushkerlas paj zhene so xasajle. Mashkar lende khanjikas chi xaljas bari grizha anda l' manush. E maj but anda lende grizhinas numa pa peste. Ke na numa ande bolti, ande kavehazura, ande busura vaj ande tramvajura nas dosta butjara. V' a Waltraudake amalnake bolnicharki anda Ungro taj andaj Chexoslovakija xasajle. Taj vi e hausmajstera andaj Jugoslavija, e bibolde zhurnalistura, e apolovkinji andaj Rumunija, e orvoshkinji andaj Polska taj e fishkarusha anda Xoraxanimo xasajle. Khonjik nashtig rakhelas ch' e arabijake manushen, kon lopatolin o jiv, ch' e rashan anda Sudan, ch' e vuljicake shilavaren andaj Rusija. Lenge shilavi, bibliji thaj lopati sas intja v' intja rispijme, sar te nakhadon le pe phuv. Sar pune butji jokharsa e phuv nakhavelas e manushen. Ando Bechi pune luma kaoso kezdijas. O trajo ando Bechi morcome sas. E vuljici pala unji djesa sa melale sas, kajgodi gunuja, majnem sako kavehazo, sako bolta taj sako supermarketo phandado sas. Ande l' shpiti jokharsa aba nas dosta sastjara taj bolnicharki te butjazin. Pal' ek kurko, andej *Becheski Börse*, kaj akciji bikinen, e manush xasarnas bare love. De katar e bari lumjaki ekonomijaki kriza chi perenas e ahora kade sig sar akana. Kade ditjolas hoj a austrijaki ekonomija karing o krechuno igen bare-bare love vestija.

De varesar e Johanneski voja pal o krechuno punro-punrestar maj lashi kerdjilas. Hajkam bare shila sas avri, vov soro djes phirkerelas pej vuljici thaj loshajlas, hoj tista shusho sas o intrego foro, lesko shukar Bechi. E foroski voja kasavi pachaki sas, sar pe kodo djes, kana e manush losaren ekhe prezidentos vaj ekhe kancelaros. *Sar sako djes jekh pachako losarimasko djes t'avilon,* phirdas ande lesko shero. Kana shundas e vorba anda pesko birovo, hoj leski kolegica taj but aver butjara xasajle, atunchi o Johann nadjon bara loshasa las te asal. Nashtig patjalas, hoj lesko shinajimo chachimo kerdjilas. Atunchi chi xalas les kodo, hoj chi anen leske o zhurnalo angla o vudar, taj chi kodo, hoj phandadjilas lesko maj drago kinesicko restorano taj lesko kavehazo. Chi pa kadi chi xoljajlas, hoj chi phirelas aba chi o tramvajo thaj chi na o metro. Vov kamelas te zhal sa phujatar. Ke o intrego foro aba lesko sas.

Pe silvesteroski rat ando bersh 1992 ando Bechi khonjik chi phirdas pej ulica. E foroski administracija chi engedindas khanjikaske te kerel baro mulachago. E Johanneski dej loshajlas, hoj e strejini manush kado bersh nashtig kerdon larma taj bashajimo. Dopash ratjako aba desh-efta petardi phabarenas taj durantinas e zhene igen bare bashajimasa. De akanara hatjardas voj, hoj na numaj e strejini manusha sas doshale a bara larmake. Akanik nashtig kerdas kaver, sar te panaskidij pa sa kadala melale, becheske proletarja aba. O Johann pherdas jekh purano *Champagne* pej taxtaja. Kodo, savo lesko mulo dad shutasas andej vitrina. Jekhe fontoshone djeseske. Haj kana te putrena kadi praxali flasha, te na akanik, gindindas vov. Zhanglas, hoj tela trine djesen, kana pale zhala peske kaj firma, ka o birovo, lela kadi pozicija, so e Aleksandra chordasas lestar. Kana reslas o nevo bersh 1993, kade but vojajlas o gazho, hoj ushtadas peska da anda foteli taj cirdas la tele pej vuljica. E dopash rat khelelas lasa valceri, mashkar pharrade glazhi, plastika taj cigareti so rispime sas pej phuv.

Ande nevo bershesko angluno djes e *Wiener Philharmoniker* anglunji data kasavo koncerto dine, hoj feri maj cerra sar o dopash orkesteri gilabelas. Von zumavenas lashi voja te keren sakoneske, hanem shajnoshan igen brigaki avlas e muzika. O Johann sa vojako phirkerlas ando apartemento. Deteharinako xabe kiradas. Jek cerrica phabardas e anre, ba chi na e thuveski khand chi azbalas les. Aba vi a Waltrauda xaljas la ek semo e grizha anda pesko raklo, sostar kade furchavo lo. E paluni data, kana o Johann deteharinako xabe kiradasas lake, atunchi inke terno rakloro sas. Voj nakhadas o phabardo omleto jekh cerrica narancheske sokosa. Pala neve bershesko koncerto e parne balengi moderatorkinja avilas pale pe barnavo tevevo, te phenel e hirura. Djes-djesestar kerdjile e butja maj nasul. De kado djes e situacija inke maj skurilo taj maj furchavo kerdjilas. E moderatorkinja kodi phendas, hoj pe silvesteroski rat but shela manush ingerde len ande bute becheske shpiti. Kasave simtomura sas len, sar e lepra te xaljasas len. Pa kodo panaskodinas e pacijentura, hoj jokharsa xasarde penge punre, naja vaj vasta. Kade, hoj chi dukhajle len. Unji zhenen, kon e rat ande shpita sute, pe aver djes aba khonjik chi rakhlas le ande lenge sobi. Chi zhanenas ch' e policija, chi le raj so te keren. L' ekspertura kodo gindinas hoj ekh nevo infekcijako nasvalimo buhlilo ando foro. Igen furchavo taj specijalno sas kodo, hoj savora pacijentura kasave austrijake manush sas, kaske dada, deja, mamja taj papura e palune djesenca xasajle. Nas aba dosta butjara ande l' shpiti, thaj anda kodo shaj t' avelas, te phanden le. Pala kodo, te na avel kadi, pale kharenas kadale phure bolnicharki taj doktora, kon chi maj butji kerenas. E Waltraud las te izdral. Desar oxto bersh aba sas khere thaj chi jekh minuta chi kamlasas te kerel pale peski butji sar bolnicharka. *Dale, na te xal tut e grizha!*, domolisardas la o Johann, *aba katji but vrama chi kerdan butji. De dulmut san andej penzija. Si dosta aver manush, kas shaj kharen maj sigo palpale, aj na kam maren p' amaro vudar.* E Waltraud sikhadas peske rakleske e sheresa, hoj *ova*. Angluni data kado kurko, v' e gazhes nadjon xaljas les e grizha haj phandadas o tevevo.

Pala mizmeri o Johann das pe tele ek cerrica ando pato. E lashi voja so kerdasas e palune djesenca, khinjardas les ek semo. Vov pashjolas tela peski dunjha. Pe mesala pasha leste shutas peske dadesko baro patreto. Vov sas lesko chacho idolo. Savora zhene respektirindesas les.

Patjivali ketana sas ando marimo. Mindig sikhadasas patjiv peska gajzhake. Sar rajikano kereshkedevo butjazilas taj vi leske kolegura taj butjara mindig igen bari patjiv sikhavenas leske. Sar loshajlon, hoj lesko foro pale te avilon o foro le becheskirengo, gindindas o Johann. Andej familija khonik shoha chi pomenijas ch' ek vorba pa l' ostmarkoske ketanake bengale zhungalimata. Chi pa leske dadeski afera jekha avera gajzhasa, chi pa sa e love, so o phuro gazho getondas peske chorre sheftonca. Chi vorbijas khonjik pa l' uniformi taj pa kado furchavo moxto ando shifonji. Chi pa kodo, hoj e Johanneski dej sas te potjinel palpale sa lenge unzhulimata. Feri kade shaj potjinelas le, hoj but bersh ratjanca kerlas phari butji ande shpita. E Waltraud mindig zurales sama las, hoj e zhene feri lake gazheske lashimata pomeninas. A patjivake trabi. E palune bershenca voj mishto zhanelas te paruvel thaj te lasharel e Johanneske memoriji pa lesko dad. Kade, hoj lako raklo apal nadjon kamlas te rodel, te irdemlij kodi patjiv, so leske dadeske sikhavenas. O Johann lokhes sutas-tar.

Duj chasura palal, jek baro cipimo ushtadas les opre. Sa zalime puterdas peske jakha. Shaj colaxardon hoj kaj mesala pasha peske dadeske patreto dikhlasas jekh ushalin. Tista kasavi sas, sar tordjilon kothe kadi phuri romnji, kas angla unji djesa tele pizdasas pej phuv kaj *Mariahilferstraße*. Ba khonjik nas kothe. Jokharsa shundas, hoj leski dej cipij lesko anav. Opre xuklas thaj shutas opre peske papuchi thaj pej beshimaski soba prastadas. Majnem avri chusindas po perzhijako colo. *So-j aba?*, pushlas latar. E Waltraud njivindas taj bivorbako sikhadas leske pesko chacho vast. Hijanzinas lake trin naja.

Bish minutura zhukarenas po taksivo, so ingerdas le ande shpita kaj ulica *Dornbacher*. O Johann inkrelas ekh morchaki trasta ando vast. Leski dej duj rajtake gada, lashe sostja, sapuja taj ek sunto Marijako rosariumo shutasas andre. Kadi trasta mindig ando shifonji sas, kodole djeseske, te zhala ande shpita. Atunchi kade shushe sas e vuljici, hoj chi vurdona chi nakhenas pe lende. Jekh xalo, thulo bechari tradelas o vurdon. Jekh nasul manush. Kasavi khand sas, sar a cigaretako thuv, o benzino taj e menthake bonbonura. Feri ek fertal chaso inkrelas o drom. Kana resle anglaj shpita, e Waltraud vi pesko shtarto naj xasardas tela peski fashlija, so khere pe pesko vast phanglasas. Pe pesko stingo vast sa le panzh vunzhi xasardasas aba. O shoferi majnem duvar katji love manglas, sar normalno. Igen shibalo mothodas lenge, hoj o averdata te zhan phujatar, te naj le love taksivoske. Makar e Waltraud chi hatjarlas mishto, vi atunchi las te xal pe e gazhesa. Lako raklo xamindas pe, thaj shudas e shoferoske e intrego oxtovardesh shilingura pe beshimasko than. Apal igen nervozno cirdas avri a Waltrauda anda vurdon. De nadjon kamlon e Waltraud akana, te sikhavel e gazheske pesko mashkarutno naj.

Andej klinika igen-igen but zhene kide pe. Vorta kodo nasvaljimo sas len, sar a Waltrauda. O Johann chi hatjarlas, so pecisajlas. Dikhlasas andej televizija, hoj savora nasvale zhene sas jugoslavura, rom, muslimanura vaj makar bibolde, kade gindindas. Leski dej chi mukhlas o kher desar o krechuno. Sar birindon te kapij kadi infekcija? Jekh elegantno raj ushtjilas opre thaj kerdas than e Johanneska dake. E Waltraud beshlas tele. Parno sas lako muj, sar suntina, thaj majnem pej phuv perelas. Lako raklo iskirindas vareso pe meldimasko dokumento thaj shugijas avri sako vorba: *Anav, Wal-traud Pich-ler. Rakhadjilas ando bish-taj-shov-to no-vem-be-ri tran-da-taj-trin. Rakljako anav, La-wers-eck*. Leski dej bare jakhenca dikhlas pe leste. *So phendan?*, pushlas lestar. O Johann chudisajlas thaj shutas tele o dokumento. *Lawerseck*, phendas maj jokhar o anav, vorta kade, sar gindijas hoj shundasas les pesko intrego trajo. Leski dej mishkindas pesko shero. Voj xutjildas o papiroshi ando stingo vast thaj pe peski angalji das les. Izdrajlas. *Hlavacek*, phendas taj pharo dji cirdas. O Johann opre cirdas peske princhanji. Leski dej kapindas e ceruza pe stingo vast taj izdrajimasa zumadas te iskirij peske chexickone paposko anav po papiroshi. *Hlavacek*, phendas inke jokhar thaj dikhlas pe peske rakleske jakha. Vov sa hatjardas.

E Waltraud korkori pashjolas and' ek nasvalimaski soba. Jek terni ketana tordjolas angla o vudar taj las aminti pala late. Le shavorenge mujende dicholas e dar taj e grizha. Von line sama, ande penge uniformi, po rindo ande nasvalenge sobi. O Johann soro ratji leshijas po gango. Shelvar phirkerlas opre taj tele. Dumukh kerdas peske vastenca, kethane kikidas peske vusht thaj zurales dji cirdas. Pala kodo mek tordjilas, shutas peske vasta po muj thaj majnem rojindos shugindas: *scheiße*.

Kana aver deteharin opre ushtjilas, pe shpitako gango baro halta-balta taj kaoso sas. Kodo aba chi maj zhanglas, kana sutasas-tar po oranzhfarbako plastikako skamin, so angla leska daki soba shuto sas. Vov kamlas te zhal andre kaj Waltraud, kana dikhlas, hoj puterdo sas a sobako vudar. Jekh grizhari ashadas les thaj zumadas te mothol leske, hoj leski dej xasajlasas thaj aba meldinde a policijake so pecisajlas. O Johann xoljariko mishkindas pesko shero thaj bare hangosa khardas peska da. Pizdas rigate e grizhares, nashlas andej soba thaj rakhlas o pato peska dako tista shusho. La daki trasta sas inke pej mesala, thaj pasha la lako bufari thaj v' a suntona Marijako rosariumo.

Tunjariko sas, kana o Johann rjate ashadas te rodel peska da, hanem las pe thaj gelas-tar khere. Chi zhanglas so te kerel. But gindura phirenas ande lesko shero taj bare dosha dukhavenas les ando perr. O foro Bechi tista shusho dicholas avri. Nakhlas-tar pasha 'k tramvajo. Puterde vudarenca tordjilasas vorta pej shini. Duj vurdona, so majinti karambolozinde, tordjonas pe stingo rig. Pe chachi rig jekh supermarketo phagerde feljestrenca. E zhene chorenas sakofelo. O foro muto sas, tunjariko taj shudro. De katar e purani vrama zhi akana nas shoha katji cerra zhene ande kado foro Bechi, so varikana sas igen barvalo, uzho taj shukar. E Johanneske njivimata taj cipimata shundjonas pej shushe vuljici. De khonjik chi shunelas le.

Kana feri unji pasura sas angla peske kheresko vudar, cirdas vov avri e kija anda peski posotji. Kodolasa puterdas o vudar, haj las sama, hoj xasajlas e vunzha katar lesko chacho palco. Na cerra las te izdral thaj te njivij. O lifto chi kerdas butji. Kajgodi nachilas e elektriciteta. Vov gelas opre paj trepti taj das andre ando apartemento. Ando tunjariko rodindas ek djujtovo te del jag savora memelja. Vorta andej Waltraudaki soba nashlas. And' ek shifonjeri sas akastime leske dadeske gada, zubunura taj uniformi. Vov ushtadas p' ek cino skamin thaj shutas rigate duj kashtune moxte. Selduj moxte dine pe phuv bashaindos thaj leske dadeske patjivake medajlura katar o baro marimo dine avri thaj rispisajle po colo. Pharimasa cirdas o Johannes e morchuni, barnavo trasta anda shifonjerosko paluno kolco. Po pato shudas la. Puterdas la. Avri cirdas e pushka thaj kapindas e gojovura. Pala kodo inke jokhar dikhlas andaj feljastra pe kado Bechi, so ando suno dikhlasas, so kade kivanijas peske. Pala kodo jekh duranashi shundjolas thaj jek baro bashimo kathar o vesh *Wienerwald*, zhikaj murmunci *Zentralfriedhof*.

Ka eftato januari e Aleksandra Mitrović ande pesko *Genossenschaftswohnungo* ando *Meidling* slavindas o krechuno peske dadesa, peska dasa, peske kuzinosa e Józsesa, leska romnjasa a Piroskasa taj lake shavesa. Vi a Aleksandraki amalni, e Ljubica aviljas. Shajnoshan unji kurke pala kodo huladjona, hoj e Aleksandra birindon te mothol peske dadeske taj peska dake, hoj e Ljubica majbut sas, sar feri jekh kolegica. O foro inke nas kade, sar unji kurke anglal. Ba majnem savora zhene, kon xasajlesas, palpale avile kajgodi, pe intrego foro. E manush aba kezdinde pale te lasharen o them. Andej *Becheski Börse*, kaj akciji bikinen, inke but-but bersh panaskodina paj tragedija ando decemberi 1992. E Waltraud vi kade zhojine pe pesko foteli beshlas thaj bivorbako dikhlas o tevevo. Chi leshijas pe khanjikas aba. E horoskoposki rig adjes aba voj shindas avri anda zhurnalo.

Die Stadt ohne Juden kathar o Hugo Bettauer sas e inspiracija kadala paramichake.

O jugoslovensko ruleto

E Rukija. Štos.

O Jašar zorasa pelas pe pesko dumo thaj porrade jakhenca dikhlas po plafono. E Rukija pasha leste tordjilas thaj das les pesko vast. *Hajde, mo!*, phendas leske thaj zhutilas leske te ushtjel opre andaj shportoski matraca. Vov sigo xuklas opre, pe peske punre taj xojasa lashardas pesko dzhudosko brichinari. Che bezex-i, te peravel les e jek zhuvlji andaj klasa pej phuv. Maj bari bezex-i, hoj shej romanji la. Kodolestar inke but vrama kam asana e aver rakle. Vi e Rukija asajlas. Barikani sas, hoj birindasas opre te vorbij peske dades, te bishavel peski jek shej andej shportoski shkola.

Kana o paluno shkolako chaso getosajlo, e rakle gele te paruven penge gada andej garderoba thaj asande pa Jašar. E Rukija parudas andej cikni shkolaki toaleta peski dzhudoski uniforma p' ek loli bluza taj p' ek farmelicko kalca. E shportoski shkola sas pe foroski Skopljaki aver rig. Dosta dur sas lenge kherestar, karing jekh intrego chaso phujatar. Laki familija beshelas andej *Šutka,* ando nordo le sherutne forosko. Kothe, kaj o drom numa kishajalo-j thaj feri e barvale romen-i paji, so ando kher fojij. Kothe inke vi e gazhe zhanenas romanes. E Rukija sas sikli, ke e terne rakle tele dikhenas la barimaske jakhenca. A shkolake rakle dikhenas la tele anda laki kali mortji. E phure romnja andaj mahala pale, denas la armaja, kaj phiravelas kalci thaj na coxi. Von xoljajvenas vi anda kodo, ke laki dej colaxardas lake dadesa, kon sas dopash biboldo thaj nas uzho muslimano. A Rukijako dad kerelas butji sar dekorateri ande 'k teatro, kaj sas ando mashkar e forosko. Vov mishto zhanelas, so-j ekh drama. De athoska pe kuki vrama chi na patjandon ke lesko logodimo kam avel inke kasavi tragedija. Te na avilon lesko dad rom aba e phure romnja nashadon a Rukijaki dej andaj Šutka. *Te na xal tut e grizha, shejo! Mukh te dikhen v' e rom, v' e gazhe. Von feri porrune-j tje shukare mostar. Mashallah, aktorka mezis!*, motholas lake mindig laki dej. Chachimo sas la. E maj bute raklenge thaj rakljange andaj klasa pelas voj pe dragomaste. Vorta legmaj feder perlas kodole raklenge pe dragomaste, kon mindig kharenas thaj prasanas la e anavenca *Tarzan* vaj *Mogli*. Vi o Jašar dekata lungo vrama aba avre jakhenca dikhelas pe la. *Te avelas Rom vaj barem jek cerrica muslimano*, gindijas e Rukija, kana cipijas leske, te na maj dikhel pala late.

E Vida. Vindšucšajbna.

O Milano bara zorasa phandadas o vudar thaj mardas peska dumukhasa po zido. E Vida khoslas leske kale bal. *Na te xal tut e xoji*, phendas leske, thaj smirosardas peska sha ande angali. E cinji shejori rujas, ke o Milano daradasas la. Che bare bezexa, hoj ek gazho akushel les, *melalo ciganin*. Makar vov chi rom nas. E Vida pesko intrego trajo shunelas kasave vorbi. De lako gazho inke feri skurto vrama beshelas andej Muzička Kolonia, e romani mahala ando Obrenovac, na dur katar o Beograd. Unji roma andej mahala parne moske sas taj parne balenge. Anda kodo chi e Milanoske kale bal, chi lesko parno muj pusadas le manushen ande jakha. E gazhenge sas kodo sajekh. Jekh mursh, kon andaj mahala avel, kodo musaj sas t' avel, pe lengi sama, jekh anda l' romende.

A Vidako dad taj a Vidaki dej lungo vrama chi kamenas, te colaxarel lengi shej e shukare moske biboldesa. Chi anda kodo hoj biboldo sas, hanem anda kodo, ke gindinas, ke nashtig te anzarel lenga shake kasavo trajo, so von mangenas. Djese, e Vida kaj pedagogijaki akademija tradelas e vurdonesa, thaj o Milano grizhijas pala cinji Sladjana. Kana leski romnji khere avelas, vov delas la a shejora. Pala kodo zhalas ka pesko parno vurdon *Zastava*, sholas opre e taksivosko semno, beshelas ando vurdon thaj tradelas ando foro, te rodel zhenen, te ingerel len kothe kaj von kamen. Lashe love kerlas, thaj von shonas rigate sa so birinas. Sas len ek plano. E Vida feri unjivar manglas peska datar te zhutij lenge. Voj chi kamelas te shunel kodo, hoj laki dej panaskodij pa o biboldo. Chi kodo, hoj laki dej porravel pesko muj pa kodo, ke sas te studirij laki shej, te birij te butjazij sar sitjaritorka, te rodel love a familijake.

E Rukija. Kerviš.

Unji kurke pala kodo, hoj gata kerdas e shkola, o Jašar xasajlas andaj Jugoslavia. Vov nashlas ando Bechi. Kotar iskirijas a Rukijake lila. Voj garavelas le, ke chi kamlas lake phure te rakhen le. Unjivar, kana e Rukija opre cirdas paji andaj xajing, pa kadi gindijas, sar t' avlas te beshel lesa ando Bechi, thaj na katka ande kado ghetto. Sar t' avlas ando Bechi te najol and' ek emajloski balaji thaj kothe te ginavel zhurnalura. *Muri shej ch' ek shilava inkrela tela peski thak, ba jek rajikani trasta thaj jekh shkolaki knjiga!*, mindig kadi phenlas a Rukijaki dej, kana andej rat khere avilas anda 'k barvalja gajzhako kher, kaj grizhijas. Apal tele shutas peski uniforma. Te birindon te ginavel taj te iskirij, andre meldindon peska sha pej sitjaritorengi akademija. E Rukija sas e angluni zhuvlji anda peski familija, kon zhalas ando univerziteto. Aba kana studirindas, las te kerel butji and' ek kindergarteno andej Šutka. E shavorenge phure igen loshanas kodoleske, hoj aba v' ekh chachi romnji dikhela lenge shavoren. Majfeder pakjanas jekha romnjake, kon uzhe jilesa dikhel lenge princon thaj princezen, kana ando foro zhanas, te vazden opre e parne gazhenge khera thaj ulici.

E Vida. Flaše.

Jokhar hajkam manglas peska datar te zhutij lake. Kana e Vida las pesko diplomo, atunchi deteharin andaj rjat tordjonas ande kuxnja kethane. Panzh kilovura mas shingerde thaj palal pernas le saxeske patra. Laka dake sarme sas ashunde ande sasti mahala. Bish roma taj romnja kidinde pe ande lako cino apartemento. Lako nano sljivovica andasas anda peska pincaki destilacija. E voja kasavi lashi sas, sar kaj ek slava. *Živeli!,* shundjonas lake lalenge glasura andaj kuxnja. Pe suntone memeljango than katar e khangeri shuto sas a Vidako diplomo po astali sar ek slika palaj glazha. Atunchi phagerdjile e flashi taj e taxtaja. Jek sirena shundjolas. Sar te tudunindas, kasavo baro bashimo shundjolas andej soba. Savora zhene tele nashletar pa l' trepti andej pinca. Bivorbako taj bare porrade jakhenca dikhenas, sar e plafonostar tele perel o gipso. Bombi perenas pe intrego foro. Soro ratji rovelas e shejori.

Vi o Milano rujas. E intrego Jugoslavia bombardirisajli. Sa so phara butjasa shute sas rigate lovora, djes djesestar xasajlas aba le lovengo kuchipe. Inke pe kadi rat andas e familija e decizija, te nashen-tar ando Bechi. Numa o Milano chi kamlas. Vov kamlas te zhal zh' ande Amerika. Lesko nano jekh peshtako, biboldo elektrikari sas. Vov desar bish bersh beshelas ando Chikago. O aver djes aba losardas lesko telefonosko numero, parudas peske dinara pe pajale, pe dolara thaj kerdas plano a Vidasa, sar te mukhen e Jugoslavia.

E Rukija. Šleper.

Vi ande Šutka pune unji chasura savora zhene shunde, hoj marimo kezdindas ande Jugoslavia. E Rukija chi kamlas te zhukarel kodo, hoj vi pe laki ulica perena l' bombi. Vaj, te na del o Del, v' inke po kindergarteno te shuden bombi. Voj rodindas e Jašarosko telefonosko numero, khardas les opre, thaj manglas les te zhutij lake. Jekh intrego kurko das pe godji, te mukhel e Jugoslavia vaj na. Atunchi andre patjardas pesko baro, morchuno koferi. Pesko diplomo mashkar peska mamijake kuranoske patrja shutas. E duj maj kuch trabi, so sas la. Voj kindas ek vonatoski bileta zhi pej ungriko granica. Lako dad taj laki dej ingerde la zhi kaj vonatoski stacija. Voj colaxardas lenge, hoj kam anavel le, numa te rakhlas ek apartemento ando Bechi. E Rukija phujatar nashlas jekh kilometero paj granica ande Austria. Ande kodi vrama aba nas kothe maj but o sastruno firhango, hanem sas kothe feri jek sani bar. O Jašar l' aver rigate zhukarlas pe late. *L' aver rigate*, voj gindindas, *akak aba reslas aver rigate.*

E Vida. Gepek.

Kana e Vida taj o Milano resle ka aeroporto, o raj Pukler zhukarlas len kothe. Kana tradenas e vurdonesa perdal e Chikagosko *downtown*, korrardas len o baro udud thaj e bare kherengo fimlalimo. E Vida las sama trin rajikane gajzhan, kon nercoske bundi phiravenas thaj asandos beshenas ande 'k limuzina. *Jekvar vi me besho ande 'k limuzina*, gindindas.

Paluni data, kana o raj Pukler dikhlasas peske phraleske shaves, o Milano inke kade cino sas, hoj nashtig delas duma. V' adjes chi birinas te vorbin jekh-avresa. E Milanosko dad chi sitjardasas les te del duma pe jidishicko shib. O raj Pukler feri katji zhanglas te del duma rusicka, te mothol lenge, kaj shaj sovena. Feri zhi kaj rakhenas peske 'k apartemento. O Milano pe srbicko shib das angle: *Da! Hvala!* Leski lala kritichno mishkindas pesko shero. *Jes! Tenkju*, lashardas voj leske vorbi. E Pukleroski familija potjindas e Milanosko taj a Vidako anglicko shibako kurso ando *Community College*. Lesko kuzino o Tommy zhutijas e Milanos te sitjol peske taksivoske ekzamenoske. L' ekzamenoski knjiga majnem katji phari sas, sar leski shejori. Kana anglunes puterdas la, sako vorba trubujas te rodel avri anda alavari. Atunchi kana pala ek shon kerdas o ekzameno, aba birijas te del duma paj vrama ek cerra e sitjaritorosa.

E Rukija. Gastarbajter.

O Jašar sigo rakhlas butji a Rukijake and' ek firma, sar solgalokinja. E mursha andaj Jugoslavia a austrijake gazhenge khera vazdenas anda o betono thaj e zhuvlja shudenas e gazhenge gunuja thaj uzharenas lenge khere.

Kana jek Austrianco cipijas pe le, feder chi phenenas ch' ek vorba, feri unjivar kodo hoj *jaja* taj *kajne problem!*

Dabi jek shon beshelas e Rukija ande Jašarosko apartemento. Kana jekfar majinti avilas khere anda peski butji, o gazho jekha blondinkasa, shvabicasa pashjolas ando pato. *Jebem ti majku!*, atkozindas les, sig-sigatar patjardas voj pesko koferi thaj gelas-tar.

E sherutni andaj *pucfirma*, e Ljubica mukhlas la te beshel lasa unji kurke. Voj aba ando Bechi kherdjilas. E Rukija lako intrego apartemento uzharlas. Lako escajgo shoha nas kade uzho, sar akana. Rojindos thodas e vasura. Igen lokhes. E Ljubica zorasa das la angalji thaj chumidas laki sham. E Rukija kamlas kodo, hoj varikon teredij lasa. Ande kado strejino foro igen korkori hatjarlas pes, thaj trubujas lake 'k phej vaj amalni. Ba atunchi hatjarlas sar zhalas tele a Ljubicako vast pa lako mashkar. Ek baro paso shutas pala peste palpale. Igen lazhajlas thaj mishkindas pesko shero. E Ljubica jertindas pe thaj shoha chi maj phendas ek vorba pa kodo, so pecisajlas.

E Vida. Rikverc.

Sa barikano sas o Milano, hoj pesko jugoslovensko chorro vurdon p' ek oranzho *Crown Victoria* parudas. Kana ande pesko nevo vurdon beshelas, mindig majpalpale shutas pesko dumo. Katka e taksivosa duvar katji love rodelas, sar khere ande Jugoslavia. Hajkam e Vida sako djes gelas te uzharel e gazhenge khera pe lovende. A Sladjana kaj somsedkinja mukhlasas. Angla kodo, sar ande Amerika avenas, voj feri ekhe kale gazhes dikhlasas. E murshes andaj *Coca Cola* reklama. De katka, ande kado kher kaj beshenas, feri kale manush trajinas.

A raja Jones sas la duj shavora thaj anda kodo nas lake bari diferencija, te lel sama pe majekh shej. Majfeder kade, ke kapindas cerra maj but love. E Sladjana aba birijas te masij. *Haj haj*, das a raja Jonesa lasho djes peske anglune vorbenca pe anglicko shib. Chi *mama*, chi *dada*. Numa *haj haj*. Chi e Vida, chi o Milano chi shunenas penga shake anglune vorbi, ke von trubunas te keren butji. Anda kodo, hoj t' avel lenga shako trajo maj lasho sar lengo. Ba e Milanoski viza aba chi lungjarde. E taksivosko ekzameno, o anglicko shibako kurzo, sa hijaba, ive Devleske. Pale urajlas kaj familija ando Bechi. A Vida das peski vorba, hoj avela palpale neva vizasa. Ande Chikagoske forosko gor korkori mukhlas a Vida a Sladjanasa kothe, kaj e barvale gajzha chi troman te zhan penga limuzinasa.

E Rukija. Rinflajš.

Kurke, e Rukija chordas peske 'k *Kronenzeitung*. Rodindas e apartementoske reklami taj inserati. Ka sako malado numero so rakhlas mardas telefono. Duj djes inkerelas, pune rakhlas ekha phura biboldica andaj Macedonija, kon lovenge avri das la ek soba. *Che shukar san tu! Tista kade mezis, sar me kana ternji simas*, phendas. O apartemento ka o Praterstern sas vorta opral pa jek kupleraj. Ande aver soba beshela jekh ungrojka peske shavesa. O zido andej najimaski soba tista kade lolo fimlalas, sar e zidura ande lubnjako kher, kaj sas andej anglunji etazha. E Rukija chi dikhelas tele e zhuvljan. Pune kadi skurto vrama, desar katka beshelas, aba hatjarlas, che pharo shaj t' avelas varikasko trajo, te kamela te kerel peske 'k nevo trajo ande kado foro.

E biboldica, ande kasko apartemento beshelas, rakhlas lake butji sar solgalokinja ando *Admiral* kasinovo ka o *Prater*. E Rukija igen loshajlas thaj chi xalas la e grizha kade but aba. Anda kodo, sako djes angla peski butji kiravelas a biboldicake vareso. De chi balano mas, kade sar khere andej Šutka. A deteharinaki butji nadjon nasul sas. Apal mindig sa precizno sas te uzharel e murshengi toaleta. Kadala pisoara, kaj unjivar jek mulo mato gazho andre shaglasas. Angla mizmeri mindig igen tristo taj brigako dikhelas avri o kasinovo. Pe kadi vrama shoha chi avenas chi turistura, chi terne zhene ando kasinovo ka e *Praterosko* agor. Feri kadale zhene, kon sako djes avenas, thaj aba pe kadi vrama pengi dujto bera taj deshto cigareta pijenas thaj e kasinovoske mashinenca khelenas. Unjivar, kana o thule peresko, mulo mato gazho njerijas ka o ruleto, vov pizdas a Rukijake 'k zhetono andej bluza. E Rukija ka o ruleto mindig pe kale numeri shutas les. Shoha chi pe lole. Lako lolo, narodno them aba dulmut getondasas peski baxt.

E Vida. Kofer.

E Vida butivar dikhlas nasul sune. Unjivar e ratjenca opre xuklas ando pato, kana avral jekh policijake vurdoneski sirena shundasas. Atunchi mindig kade hatjarlas pe, sar t' avilon pale andej Muzička Kolonia. Kothe andej pinca, kana a bombako taj a sirenako bashajimo shundjolas. Apal chi birijas te sovel-tar, thaj butivar soro ratji opre ashilas. O Milano angla bute kurkende mukhlas o Chikago aba. E love, so e Vida rigate shutasas, aba chi maj lichonas. Detehara voj mindig ande 'k kindergarteno kerlas butji, thaj pala mizmeri uzharlas a barvalja gajzhake khera ando *Downtown*. E ratjenca mindig e anglicko shib sitjolas ando *Community College*. E Sladjana de katar shov shon chi dikhlasas peske dades. Chi peska da chi dikhlas voj aba kade but.

Andej rat chengetindas o telefono. E Vida pash o aparato beshlas peske tele thaj vazdas. *Halo? Čao, dragi.* E Milanosko hango pe aver rig a sirmaki sas ekhe khine manushesko hango, thaj avershandes sar voj les zhanelas. Maj cerra baxtales. *Chi kamen te den ma viza. Nashtig te zhav palpale tumende*, vov phendas. E luma boldas pe a Vidasa. Igen frustraltno sas, ba v' ek cerra maj lokho sas lako jilo. Fajma chi kamlas aba maj but te tradel ekha limuzinasa perdal o intrego Chikago. Chi korkori. Fajma kam dikhela inke maj shukar limuzini ando Bechi. Thaj maj cine khera.

E aver djesenca bikindas sakofelo, so chi birindas te lel pesa. Avershandes nashtig potjindasas e avijonoske biletura. O Tommy, lako kumnato ingerdas len ka o aeroporto. Das la jek cino paketo, thaj manglas la, te bishavel les poshtasa katar o Bechi ande Peshta ekha dulmutana amalnake. O Tommy zhutindas lake te ingrel e duj bare kofera. A shejorasa ando vast chi birindasas te hurcolij le korkori. Chumidenas jekh-avres taj manglas la te phenel leska familijake hoj droboj len. Feri e dujto data sas, hoj e Vida ande 'k avijono ushtadas. De aba e trito data, hoj ek nevo trajo kezdijas.

E Rukija. Cimerka.

E ungrojka gelas perdal andaj aver soba. Bershenca zhukarelas zhi kaj rakhelas peske *Gemeindebauwohnung* varekaj ande *Floridsdorf*. E Rukija kamlas te losarel, kon kam beshela pasha late. Mothodas a biboldicake, ke maj lasho avelas te rodela e Rukija varikas, kon beshela andej soba pe lovende. E Rukija pushlas peske kolegice ando kasinovo, a budaraka zhuvlja thaj vi e barpultoska gajzha. Ba khanjikas chi interesijas e soba, so opral p' ek lubnjako kher sas. Pala unji djes avilas jekh kolegica pala late. Romanes pushlas latar, te slobodo-j inke kadi soba. Kodo phendas, hoj laki shej taj lako zhamutro rodenas kher. Hoj igen lashe manush si. Laki shej sitjaritorka sas. *Ande Amerika. Ando Chikago.* E Rukija *ova* phendas. E romnji pelas lake pe dragomaste. Tista kade mezijas pe laki dej. Phare jilesa das pe godji pe peski dej thaj pe pesko dad, de chi birijas te anel le ando Bechi. Atunchi von zhanenas, hoj xoxavelasas len ando telefono. Voj chi sitjarlas and' ek shkola. Ba chi birijas te lel peska datar lako barimo, laki patjiv. Kadi mothodasas savore xandjuvale romnjange andej Šutka, hoj laki shej ando Bechi jekha shkolaka knjigasa taj ekha rajikana trastasa tela peski thak phirel sako djes andej shkola te kerel butji.

E Vida. Beštek.

O Milano ruzhenca ando vast zhukarlas ande bechesko aeroporto. *Srce moje*, kadi iskirindas srbickone bukvenca pe 'k papiroshi. Kodo xutjildas ando vast, kana e Vida prastadas paj kapuva avri. Jekh terno gazho zhutindas lake te hurcolij e koferi. O Milano majnem sako djes ando aeroporto sas. Pune igen mishto zhanelas, kaj taj sar te tradel e taksivosa ando Bechi.

Kana e Vida andre das andej cinji soba ka o Praterstern, igen chudisajlas. Anda kodo, hoj che pharradi-j e tapeta po zido, thaj che chorre, zhungale mebli-j andej soba. Taj inke majbut anda kadi xalas la e xoji, hoj save bashajimata shundjonas l' etazhatar tela lende. E Rukija kiradas lenge khajni thaj peklas pogachi. A gostijaki patjiv igen vazhno sas ande laki familija. O purano bov andej kuxnja mindig igen furchavo bashadas, kana denas les jag. O manro jekh cerra phabardo sas. Hajkam igen barikanes shunelas, sar asharel e Vida lako xabe. *Jekh chachi romnji*, gindindas e Rukija. Kasavi, kas uzhe jilesa shaj zhutinela.

E Rukija. Ringišpil.

E Rukija o aver djes ratjasa gelas andej butji, thaj ingerdas pesa a Vida. *Av-ta, ajde*, mothodas lake, *musaj t' avas pej vrama!* Prastade perdal o *Prater*. Ando *Downtown*, ando Chikago kasavo baro fimlalimo sas, ke o udud ando *Prater* feri kasavo sas, sar ek shavorengo kheljimo. Von prastade majdur thaj nakhle kaj ek ringlishpil. Ande 'k kolco, duj mafiosura marenas ekhe gazhes. Ekhe averes ande phandade leske jakha thaj lesko muj taj shute les ande 'k khelimaski hintova. Pala kodo parancholinde e gazheske, kon kerelas butji kaj ringlishpil, te mukhel vov te zhal o vagono kol chorre gazhesa majsigo sar normalno. *Gledaj u mene!,* shugindas e Rukija. E Vida angla peste dikhlas, kade, sar chi dikhlasas khanchi.

E shefica inke nas ando kasinovo. E Rukuja gelas andre, te lel peski uzharimaski uniforma thaj manglas a Vida te zhukarel pe late. E Vida tele beshlas p' ek ruletoski mesala, kaj nas te potjinel but. O Milano dasas la unji shilingura, te na zhal pej ulica bilovengi. *Black thirteen,* phendas e Vida pej anglicko shib. O krupjeri boldas o ruleto thaj o gojovo po lolo mek tordjilas. *Sorry madam,* das angle o gazho. E shefica avilasas andre, thaj sama las a Vida. Shoha chi dikhlasas la aba ando kasinovo. Kathar avilas voj? Jekh melaxni zhuvlji, kon pej anglicko shib vorbijas e krupjeresa. Biztoshan andaj Amerika sas.

E Rukija andaj garderoba aviljas, jekh shilava xutjildas ando vast thaj vorta kaj shefica gelas. Pinzharadas lake a Vida thaj pushlas latar, hoj shaj kezdij te kerel butji ando kasinovo sar solgalokinja. *Chi rodas khanjikas te uzharel katka,* mothodas e sherutni. *De tu igen lashes des duma anglicko*, phendas a Vidake. E vorba *anglicko* hatjardas voj thaj *ova* phendas e sheresa. *Zhanes sar te kheles ruleto?* E Vida pale mishkindas pesko shero. Makar chi hatjardasas lako pushimo, gindindas hoj mishto avlas, te kerel pes, sar hatjardon so phenel. *Rodav jekh krupjeri, kon zhanel te del duma e turistonca,* phendas e shefica thaj dikhlas pej Vida. *Igen trubujas amen jekh shukar zhuvlji sar tu.* E Vida nashtig das angle. *Najisaras tuke, raji!*, phendas e Rukija pe lako than. *Kana shaj kezdij?*, pushlas. *Aver kurko. Maj dikho, sar zhanel te butjazij.* E Rukija taj e vida dine la vast. O aver djes e Vida kindas peske alavari andej knjigaki bolta thaj pune 'k kurko sitjilas e maj vazhni frazi taj vorbi pe njamcicko shib. Mindig kana e shefica dikhlas pe la, sigo pe anglicko shib parudas, v' atunchi, te beshlas jekh bechari ka laki ruletoski mesala.

E Vida. Tringelt.

E Vida kodo gindijas, hoj e njamcicko shib igen zhungali-j. Inke pala bute kurken chi birijas butivar te phenel e diferencija mashkar anglicka thaj njamcicka vorbi.

O potjinimo ando kasinovo igen lasho sas. Butivar vorta ande kadi vrama kerlas butji, sar e Rukija. Voj nashtig garavelas kadi, hoj jekh cerra porruni sas pej Vida. Desar duj bersh kerlas butji katka, de zh' adjes sas te uzharel thaj te khosel e budari. E Vida sa elegantni uniformi phiravelas, lashe love rodelas thaj tromajlas te zhal avri po gango te pijel cigareti. Voj zumavelas te zhutij a Rukijake. Mishto zhanglas, hoj bilako shoha chi kapindon peski butji anda kodo mindig sikhavelas lake pesko najisarimo.

Jekhvar ek phuro mursh das andre ando kasinovo. Jekh galbeno sakovo phiravelas, ba kravata nas pe leste. Lesko parno zaralo brekh dicholas anda lesko puterdo gad. Pe leski angrushtji fimlalas jekh Davidoski cherhaj. *Lashi rat*, phendas a Vidake thaj tele beshlas kaj laki mesala. Duj khelimata njerindas, apal opre xuklas, pokinadas pes avri thaj das a Vida panzh-var-desh shilingura moljake love. Pe aver ratja pale avilas, pale njerindas ek khelimo thaj pale panzh-var-desh shilingura das la. O trito djes aba xasasardas love pe sako khelimo. Jekh dopash chaso kheldas thaj pilas ek igen kuch konjako. *Si tu shukar jakha*, phendas lake, kana opre ushtjilas. *Kathar aves?*, pushlas latar. *Jugoslavia*, ~~voj~~ das voj angle. *Romni san?* E Vida chudisajlas, anglunes chi phendas ch' ek vorba, apal e sheresa *ova* phendas. *Shukar. Si ma but romane amala*, mothodas lake. *Borochov*, pinzharadas pes thaj das la pesko vast. *Rezhiseri taj produceri sim thaj trubujas ma jek romnji mure filmoske. Shaj te kheles ek solgalokinja?* E Vida bara xojasa dikhlas pe leste. Ba kana phendas lake, sode love kam potjinela ekhe djeseske, lako muj sa parudjilas. *Feri mura phejasa*, mothodas leske thaj pej Rukija sikhadas, kon vorta jekh mesala uzhardas. *Nu mishto*, phendas o biboldo. Apal chi moljake love das la, hanem ekh servijeta, kaj pesko telefonosko numero iskirindas tele. *Tehara mar telefono*, asandas thaj gelas-tar. Kana e Rukija shundas e filmostar thaj e lovendar so kam rodena, chumidas peska amalnjako chikat. E Vida avri manglas duj taxtaja *Asbach Uralt* thaj khetane pijenas. E Rukija anglal shoha chi pilas. Jekh chachi muslimanka chi kerel kasavo. De akana kade gindijas, hoj valovo-j. Laki dej biztoshan hatjarlasas kodo, phirlas ande lako shero thaj apal shushardas a ratjijako taxtaj.

E Rukija. Fušer.

Anglunes o Milano nas aba baxtalo. But vrama inkerlas kodo drom, hoj e Vida parudas lesko gindo. Nadjon trubujas len e love. Le filmoske scene ando Prater khelenas. E Rukija taj e Vida chi trubunas te sitjon tekstura. Pe intrego filmo numa romanes denas duma jekh-avrasa. Sa penge vorbi anglaj kamera gindinas von avri. Thaj feri l' Rom kam hatjarena, hoj e subtitulura nas chache. But asanas, kana shunenas, sar e Vida taj e Rukija ando filmo bara xojasa taj dramasa vorbinas pa penge dejange sarmake receptura.

E Vida. Tašna

E rezhiseres zurales fajolas e duj romnja. Tista kade das lenca duma, sar e avera bare aktorenca. E Vida panaskodijas leske pej anglicko shib paj Muzička Kolonia, pa pesko nashimo ando Chikago thaj vi pa kodo, hoj v' e Rukija vi voj jokhar kamenas t' aven becheske shkolake direktorkinji. Inke maj anglal sar gata kerdjilas o filmo, o raj Borochov zhutindas seldujenge te keren nostrifikacija penge diplomendar. Vov pinzharlas nadjon rajikane manushen, kon zhutinenas les te kapij e duje romnjange butji ande 'k shkola ando Ottakring. Kothe lenas te sitjaren penga dake shiba, e srbicko taj e makedonicko shib. Kana gele-tar anda o *Admiral* kasinovo, shude jek shel shilingura po lolo. Kadi gindinas, hoj apal e cherhaj kathar lengo purano lobogovo aba kam anela lenge baxt. O krupjeri tele cirdas e shel shilingura andaj mesala, thaj e duj romnja asanas pa pengo dilimo.

Kaj filmoski premijera savora aktorke ekha limuzinasa tradenas angla o *Votivkino*, kaj sikhadjilas o filmo. Vi e Vida taj v' e Rukija hulile avri anda o lungo parno vurdon. Feri chi buhljardilas lolo colo angla lende. Chi jekh kamera chi fimlalas chi vilagzindas, kana tele gele paj trepti ando mozivo. Feri o Milano cirdas fotografiji e duje romnjandar anglaj parnji limuzina. E Vida pe Rukijako phiko shudas pesko vast. E Rukija opre vazdas peski shukar, rajikani trasta. *Mashallah, aktorka mezis!*, shundas peska dake vorbi thaj asandas.

Biografija

O Samuel Mago

Biandilas 1996 ande Peshta thaj traij de katar o bersh 2000 ando foro Bechi. O terno rom, autoro, artisto thaj romano aktivisto avel pa le dadeski rig katar jek romani familia, pa daki rig avel lo katar jeg biboldengi familia. Pe kadi vrama studirij vov ka bechesko univerziteto *trans-kulturalno komunikacia*. Vov kerel butji sar treneri pe sama katar anticiganizmo. Butji kerel vi ando radiovo taj e televizija *ORF*. 2014 njerisardas vov la vorbaki kompeticia *Sag's Multi*, peske divanosa pa l' Rom, pa anticiganizmo taj paj tolerancia. 2014 xutjildas vov o *Exil-Jugend-Literaturpreis*. 2016 las e romani literaturaki nagrada katar la Austriako PEN-Club. Ando bersh 2017 iskirindas e kenjva „glücks-macher – e baxt romani“ peske phralesa, e Károlyesa Mágó, kaj edition exil.